크립토 시대

돈은 어떻게 진화하는가?

CRYPTO
크립토 시대
돈은 어떻게 진화하는가?

세실 존 지음 · 홍석윤 옮김

비전코리아

차례

서문

2007년, 사토시 나카모토(中本哲史, Satoshi Nakamoto)라는 신비
스러운 익명의 인물이 비트코인을 개발하고 비트코인 백서를 펴내
면서 비트코인의 첫 참조 구현(reference implementation, 다른 사람들이 특
정 하드웨어 혹은 소프트웨어를 구현하는 것을 돕기 위해 제공하는 샘플 프로그램 –
옮긴이)을 만들어 배포했다. 최초의 블록체인 데이터베이스까지 고
안해 낸 이 사람(또는 기관)은 누구일까? 나카모토가 혹시 나라 이름
은 아닐까? 나카모토라는 존재가 비트코인과 블록체인을 출시한 것
은 어쩐지 불길한 예감이 든다. 2010년 12월, 갑자기 그가 사라진 것
처럼 말이다.

그가 남긴 비트코인은 여전히 소유주가 불분명하지만 총 가치
는 2021년 11월 기준 560억 달러(약 75조 5,000억 원)로 추정된다.

기술의 사회적 경제적 영향을 다루는 싱크탱크인 탭스콧 그룹
의 CEO 돈 탭스콧(Don Tapscott)은 암호화폐의 기술인 블록체인이 세

계 경제에 혁명을 일으킬 것이라고 말한다.

블록체인 기술은 투명성, 불변성, 보안성을 갖춘 탈중앙화된 분산형 원장 시스템이다. 블록체인 데이터베이스에 대한 신뢰는 거의 완벽하다. 블록체인이 어떤 단일 조직에 의해 통제되지 않으며 개방성을 지향하기 때문이다. 블록체인상에서는 어떤 제3자와도 직접 거래할 수 있다. 블록체인 기술은 중앙의 통제를 벗어남으로써 세상을 바꿀 것이다. 어떤 중앙기관도 더 이상 당신의 자산을 통제할 수 없다. 블록체인 시장의 규모는 2021년 49억 달러이며, 2026년에는 674억 달러로 연평균 68.4% 성장할 전망이다.

암호화폐는 국경을 초월하기 때문에 비트코인은 국제 송금에서도 매력적인 수단이다. 블록체인을 사용하면 굳이 웨스턴 유니온(Western Union)이라든지 머니그램(MoneyGram) 같은 은행이나 중앙 통제형 송금 기관을 거칠 필요 없다. 해외에 있는 가족들에게 정기적으로 돈을 보내는 사람들이 얼마나 많은가! 블록체인 찬양론자들은 비트코인 기술로 중개자를 배제하고 송금 비용도 줄이면서 훨씬 더 쉽게 국제 송금을 할 수 있다고 말한다. 세계은행은 2019년 기준 해외 송금 규모가 5,400억 달러일 것으로 추정했다.

블록체인 기술은 또 웹 3.0이라고 불리는 강력하고 새로운 인터넷 버전을 촉발했다. 웹 3.0은 조 달러 규모의 극소수 강력한 기업이 오늘날 인터넷상의 데이터와 서비스를 실질적으로 통제하고 있는 것에 대한 좌절감에서 시작되었다.

어느 날 저녁 넷플릭스에서 방영하는 〈종이의 집(Money Heist)〉

을 보면서 문득 돈을 찍어내고 통제하는 정부의 역할을 대중들이 아무 이의 없이 너무나 당연하게 받아들이고 있다는 것을 깨달았다. 드라마에서는 자칭 '낙오자 무리들'이 스페인 왕립 조폐국에 침입해 직원들을 인질로 붙잡았다. 그들의 궁극적인 목적은 조폐국에 가능한 오래 머물며 정부 표시가 없는 유로화를 최대한 많이 찍어내 자신들끼리 나누어 갖는 것이었다. 이 드라마는 우리가 당연시하고 있는 돈의 가치가 사실상 심리적 착각이라는 것을 교묘하게 보여준다.

이 책을 쓴 이유는 블록체인이 대기업이나 정부 같은 중앙통제기관의 권력에서 벗어나 화폐통화에 대한 지배력을 대중들에게 더 공평하게 분배할 수 있기 때문이다. 자료 조사를 하면서 정부가 통제하는 법정통화의 대안으로 자체적인 통화를 인쇄하거나 찍어내기로 결정한 공동체들이 있다는 사실도 알게 되었다. 이들은 오직 정부에 의해서만 만들어지고 관리되는 화폐만 가치 있다는 기존의 통념에 도전했다. 대안 화폐의 한 예가 바로 브릭스턴 파운드(Brixton pound, B£)이다. 브릭스턴 파운드는 영국의 파운드와 비트코인을 모두 교환할 수 있다. 또 다른 대안 화폐는 세네갈에 미래 도시를 건설하기 위해 60억 달러를 모금한 힙합 아티스트 에이콘(Akon)이 개발한 암호화폐 에이코인(Akoin)이다.

그러나 암호화폐는 이런 공동체만을 위한 것이 아니다. 제3세계 국가들은 대안 화폐가 더 이익이 된다는 점을 잘 알고 있다. 예를 들어 엘살바도르는 최근 비트코인을 법정통화로 인정한다고 발표했다. 비트코인을 법정통화로 채택하면 현재나 미래의 정부가 자본 이동의 자유와 자산, 주식 등 지역경제 안팎에서 운용되는 여러 금융 메커니즘에 영향을 미치는 정책을 시행할 위험을 줄일 수 있다.

다른 나라들도 이런 움직임에 동참하고 있다. 중국은 디지털 위안화 출시를 계획하고 있다. 분석가들은 이를 세계의 기축통화 역할을 하고 있는 미국 달러화를 대체하려는 움직임으로 보고 있다. 게다가 중국과 러시아는 2021년 6월, 달러 패권에 반대하는 공동 공약을 발표했다. 초강대국들이 달러의 권위에서 벗어난다면 세계 경제뿐만 아니라 세계 평화에까지 심대한 영향을 미칠 수 있다. 특히 러시아가 2021년 6월, 국부펀드에서 400억 달러의 자산을 모두 처분하고 유로화, 위안화, 금 보유량을 늘리겠다고 밝힌 것도 유념해야 할 부분이다.

역사적으로 화폐는 객관적으로 가치 있는 것(금본위제에 묶여 있던 시절)이라는 개념에서 사회적 합의라는 개념으로 변화해 왔다. 나는 물물교환부터 동전 화폐 사용이 일반화되는 과정, 정부가 통제하는 법정통화의 제조, 그리고 마지막으로 현대의 암호화폐에 이르기까지 거래의 역사를 깊이 연구해 왔다.

2021년에 들어서면서 사회의 많은 부분이 암호화폐 거래와 관련되었다. 블록체인 기반 통화는 아직까지 규제 대상이 아니다. 블록체인 분석 기업 비트인포차트(BitInfoCharts)에 따르면, 2021년 1월 기준 10억 달러 이상을 보유한 비트코인 주소는 25개에 달하며, 그곳에는 익명의 비트코인 억만장자들이 숨어 있다. 비트코인 백만장자는 아마도 10만 명에 이를 것이다. 심지어 1,000달러어치의 도지코인(Dogecoin), 또는 300달러어치의 시바이누(Shiba Inu) 토큰을 보유하고 있다가 백만장자가 된 사람들도 있다. 하지만 현실은 암호화폐 거래자의 97%가 손실을 내고 있다.

이 흥미로운 신기술을 활용해 거래하거나 블록체인 관련 경력을 개발하거나 사업 성장 기회를 모색하려는 사람들을 위한 가이드를 제공하기 위해 이 책을 썼다. 블록체인 기술을 활용하려면 기술 전문성과 자본에 대한 접근성(잘못하면 돈을 쉽게 잃을 수 있으므로)이 필요하기 때문에 각 주제별로 장을 정리해 놓았다.

블록체인은 매우 흥미로울 뿐만 아니라 많은 잠재적 기회를 제공한다. 암호화폐와 별개로 분산형 금융(DeFi)이라는 흥미진진한 새로운 세상도 있다(13장 참고). 지난 2년 동안 DeFi(디파이) 서비스에 예치된 총 자금 규모는 5억 달러에서 2,470억 달러로 급증했다. 이에 따라 DeFi는 대출, 차입, 투자에서 전통적인 중앙통제형 금융 서비스의 강력하고 혁신적인 대안으로 부상하고 있다.

블록체인은 또 대체 불가능 토큰(NFT, 블록체인 기술을 이용해서 디지털 자산의 소유주를 증명하는 가상의 토큰 – 옮긴이)의 기술 플랫폼이기도 하다. 2021년에는 NFT의 인기가 폭발적으로 증가했다. NFT는 본질적으로 미화된 권리 증서에 불과하지만, 디지털 예술계를 완전히 사로잡았다. 지금까지 가장 비싸게 거래된 작품은 자신을 비플(Beeple)이라고 부르는 예술가 마이크 윈켈만(Mike Winkelmann)의 디지털 이미지 콜라주로, 2021년 3월 크리스티 경매에서 6,930만 달러에 낙찰되었다. 2021년 12월에는 도널드 트럼프 전 대통령의 부인 멜라니아 트럼프가 자신의 눈동자 그림을 그린 〈멜라니아의 비전(Melania's Vision)〉의 NFT를 판매한다고 발표했다. 그녀는 또 흰색 옷을 입은 자신의 사진을 발표하면서 입찰 시작 가격을 24만 달러로 책정했다. 이 책에서는 NFT가 무엇인지 자세히 설명하고, NFT를 만드는 방법도 알려준다.

NFT와 DeFi만으로 부족하다면, 블록체인과 메타버스(metaverse, 현실세계를 가상공간에서 구현하는 플랫폼 – 옮긴이)의 통합이 가져올 영향도 살펴보자. 확장현실(XR) 신경 인터페이스 장치나 고글을 착용하고, 만화 같은 아바타 대신 거울을 보면 당신이 선택한 홀로그램을 볼 수 있다고 상상해 보라. 자신을 가상으로 표현한 그 홀로그램을 통해 메타버스 안에서 사물을 보고 맛보고 만지고 냄새까지 맡을 수 있다고 상상해 보라.

블록체인은 가상화폐, NFT, 분산화 기술을 이용해 메타버스를 현실에서 상업화하는 데 도움을 줄 것이다. 샌드박스(Sandbox)와 디센트럴랜드(Decentraland) 같은 메타버스 플랫폼들은 '가상의 땅'까지 판매하고 있다. 예를 들어 최근에 샌드박스는 한 구역의 가상 부동산을 430만 달러(약 58억 원)에 샀는데, 2021년 12월 8일 기준으로 가장 비싼 메타버스 부동산 매물이다. 또 비슷한 시기에 나이키는 가상 운동화를 판매하기 위해 NFT 스타트업을 인수했다.

처음에는 돈과 가난에 대한 우리의 생각이 사회적 합의의 소산이라고 생각했지만, 이제 모든 사회적 합의 개념들은 언제든 해체될 수 있다. 이 책은 블록체인 기술이 어떻게 사회적 제약들을 해체하는 도구 역할을 할 수 있는지 보여줄 것이다. 돈을 거래를 위한 교환의 매개체로 보는 개념과, 돈이 도덕이라는 이상과 교차하는 중요한 지점을 설명하는 데 지면의 상당 부분을 할애할 것이다.

또한 물물교환과 암호화폐와 기업 자금 조달의 교차점을 활용한 기술 플랫폼을 통한 빈곤 완화 전략도 제시할 것이다. 이 플랫폼은 모든 개인이 블록체인 토큰을 이용해 상품과 서비스를 교환하고 거래할 수 있는 장터 역할을 해낼 것이다. 이제는 사람들이 실물의 돈이 사회적, 재정적 이익을 얻는 데 적절한 도구라는 개념에 정면으로 맞서야 할 때다.

1장
암호화폐와 부의 창출

암호화폐 거래에 참여하는 사람들 중 97%가 손실을 본다. 브라질을 기반으로 한 연구 결과이긴 하지만 그래도 매우 충격적인 통계다. 그래서 1장의 목표는 암호화폐 거래를 통해 부를 창출할 수 있는 가능성을 모색하는 것이며, 소위 복권성 코인(lottery coins, 투기적 가치가 있는 코인)과 유틸리티 코인(utility coins, 경제적, 혁신적 효용성이 있는 기술과 밀접하게 관련된 코인)의 차이점이 무엇인지 설명할 것이다. 또 3가지 기본적인 거래 전략에 대해서도 언급한다.

암호화폐 거래를 시작할 때 가장 먼저 해결해야 할 것 중 하나는 어느 암호화폐를 선택할 것이냐이다. 기술적 분석의 기초를 이해하는 것은 물론, 규제를 받지 않는 암호화폐 시장이 이른바 '고래'라고 불리는 인플루언서들에 의해 얼마나 쉽게 조작될 수 있는지 알아야 한다.

보이지 않는 거물들은 엄청난 컴퓨터 능력과 경제 자본을 마음대로 사용한다. 정부가 이 시장을 규제하지 않는 한, 그들은 펌프 앤드 덤프(pump and dump, 주가를 인위적으로 띄운 후 팔아넘기는 행위 – 옮긴이)를 사용해 주요 암호화폐의 가격을 자신들에게 유리한 쪽으로 움직일 수 있다.

오늘날 암호화폐는 전 세계 사람들에게 새롭고 흥미로운 금융 투자 방식이다. 사람들은 흔히 암호화폐를 난데없이 떼돈을 벌 수 있는 수단인 것처럼 말한다. 인터넷에서 유행한 개(dog) 캐릭터 '도지'에서 이름을 딴 도지코인을 예로 들어보자.

도지코인은 2013년 암호화폐의 묻지 마 투기 열풍을 풍자하기 위해 장난삼아 만든 코인이다. 2020년 4월 1,000달러어치의 도지코인을 샀다면 1년 후인 2021년 4월에는 23만 7,097달러가 되었을 것이다.[1] 그리고 도지코인의 스핀오프인 시바이누 코인에 8,000달러를 투자해 100만 달러로 늘린 뉴욕 형제들의 이야기도 있다.[2]

그러나 암호화폐 투자에는 어두운 면도 있다. 2017년 12월 한 달 동안, 그나마 가장 안정된 암호화폐인 비트코인의 가격이 1만 9,000달러에서 1만 1,000달러 아래로 45%나 하락했다. 이듬해 11월까지 비트코인의 가격은 5,000달러를 넘지 못했다. 이 폭락으로 전

체 암호화폐의 시가총액이 80%나 줄어들며 2000년대 초 닷컴 버블보다 더 심각한 폭락세를 보였다.[3]

겉으로 보면 암호화폐 투자자들은 하루아침에 돈을 벌거나 잃는 것처럼 보인다. 그렇다면 암호화폐 거래가 복권을 사는 것보다는 나을까? 다행히 대답은 '그렇다'이다. 암호화폐 거래는 조금 복잡하지만, 만반의 준비와 기술 분석에 큰 행운까지 더해진다면 엄청난 부를 창출할 수 있다.

투기적 거래 VS 효용성 거래: 알아야 할 것들

도지코인의 이야기를 들으면 도대체 그것들이 어떤 내재적 가치를 가지고 있는지 의아하다. 100달러어치의 도지코인이 어떻게 그런 엄청난 가치가 있단 말인가? 단지 수요 공급의 문제일까? 이런 암호화폐들이 효용성도 없고 어떤 목적으로도 사용할 수 없다는 주장이 끊임없이 제기되는 이유다.

도지코인은 복권성 코인 또는 투기적 코인의 대표적인 사례다. 암호화폐 중에는 이처럼 아무 효용성 없는 코인도 있다. 그런 코인의 가격은 오직 사람들의 투기 행위에 따라 오르내릴 뿐이다. 2016년 도지코인에 500달러를 투자했다면 현재 가치로 100만 달러가 넘을 것이다. 이 책을 쓴 시점인 2021년 12월 29일 현재 도지코인 1개의 가격은 17센트이지만, 2021년 4월에는 74센트까지 올라 정점을 기록했다.(2022년 9월 2일은 6.2센트)

효용성이 없는 암호화폐에 투자하지 말라는 말은 아니다. 이런

암호화폐 유형	해당 암호화폐	개요
효용성	이더리움, 카르다노 (Cardano), 솔라나 (Solana)	실용성을 제공하는 블록체인 기술 플랫폼을 가지고 있다. 스마트 계약과 분산 애플리케이션을 위한 블록체인 기술 인프라를 보유하고 있다.
투기성	도지코인, 시바이누	이익을 얻을 가능성은 오직 투기적 거래에 달려 있다.

토큰 유형	해당 토큰	개요
코인/화폐	이더리움, 카르다노, 솔라나	비트코인과 같은 디지털 화폐는 화폐 수량을 규제하고 자금 이체를 확인하기 위해 암호화 기술을 사용한다. 이들은 중앙은행과 별개로 운영되고 있다.
유틸리티 토큰	스팀(Steem), BAT, 시아코인 (Siacoin)	유틸리티 토큰은 사용되는 서비스 또는 서비스 단위를 구매할 수 있다. 유틸리티 토큰의 ICO (암호화폐 공개)는 서비스되는 제품을 미리 구매하는 킥스타터 캠페인(Kickstarter, 미국의 대표적인 크라우드 펀딩 서비스-옮긴이)에 비유할 수 있다.
토큰화된 증권	트러스트 토큰	여기서 토큰은 기업의 지분을 나타낸다. 다른 사람이 창출한 가치를 기반으로, 토큰 보유자의 노력 없이 가격이 오르는 유틸리티 토큰도 토큰화된 증권으로 분류된다. 증권형 토큰 발행 (STO)은 금융규제기관의 규정을 따라야 한다.

그림 1-1 암호화폐 유형 및 토큰 유형

코인들의 가치는 가격이 오를지 모른다는 기대감에서 생긴다. 따라서 환상적인 부의 저장고일 가능성은 있다. 도지코인이나 시바이누를 사면 실제로 복권을 사는 것보다 더 쉽게 돈을 벌 수 있겠지만, 그렇다 해도 복권의 성격이 강하다. 암호화폐 거래로 돈을 벌 확률이 라스베이거스의 도박보다 확률이 더 낮다는 말도 있다. 실제로 블랙잭의 장기 수익률은 -0.28%(+/-1.15%)인 데 반해, 비트코인의 장기 수익률은 60%(+/-160%)다. 비트코인으로 큰 투자 수익을 얻거나 아니면 모든 것을 잃을 가능성이 꽤 크다는 의미다.[4] 한 가지 거래 전략은 장기적으로 횡재를 바라며 복권성 코인을 몇 가지 사두는 것이다. 다만 주목해야 할 점은 460억 달러에 달하는 도지코인 시장의 65%를 약100명의 투자자가 보유하고 있으며, 이 중 40%는 단 5명이 보유하고 있다는 사실이다.[5]

게다가 암호화폐 시장은 아직 규제를 받지 않고 있기 때문에 몇 명의 고래(강력한 기술 도구와 부를 가지고 암호화폐의 가격을 자신들에게 유리한 방향으로 조작하는 사람들)가 시장을 좌우할 수 있다. 물론 그런 활동은 규제를 받는 정규 주식시장에서 불법에 해당한다. 이들의 활동에 대해서는 이 장의 뒷부분에서 다시 설명한다.

암호화폐 거래에서 더 매력적이고 합리적인 접근 방식은 유틸리티 코인이다. 이름에서 알 수 있듯이 사람들에게 실제로 효용성을 제공하는 암호화폐이다.

유틸리티 토큰을 이해하기 위해 블록체인의 속성을 살펴보자. 블록체인은 3가지 주요 특징을 가진 네트워크다.

첫 번째, 개인 간(peer-to-peer) 네트워크이다. 한 개인이 다른 독립체에 보낸 모든 정보가 수신자에게 직접 전달된다는 의미다. 사실 이렇게 설명하면 그리 특별하게 들리지 않지만, 인터넷으로 전송되는 대부분의 정보는 반드시 은행, 네트워크 또는 서비스 제공자 등 어떤 형태의 중개인을 거쳐서 전달된다.

두 번째, 분산되어 있다. 한 회사 또는 기관이 네트워크나 데이터를 통제하지 못한다는 의미다.

세 번째, 변경할 수 없다. 일단 블록체인을 통해 데이터가 전송되면 변경할 수 없다. 이미 살펴본 것처럼, 블록체인에 스마트 계약을 만들어 활용하는 사람들도 있다. 스마트 계약에서 통화가 필요하면 유틸리티 토큰이 사용된다.

스마트 계약의 기술적 유용성이 중요한 역할을 하기 때문에 유틸리티 토큰을 이용한 암호화폐 거래가 훨씬 더 합리적이라는 것이다. 가장 인기 있고 안정된 유틸리티 코인은 대부분 스마트 계약과 블록체인상에 구축된 분산형 애플리케이션을 활용한다. 예를 들어 솔라나, 카르다노 같은 유틸리티 토큰은 스마트 계약 기능을 제공한다.

가장 주목받는 스마트 계약 블록체인은 비탈릭 부테린(Vitalik Buterin)이 2013년 개발한 이더리움이다. 2021년 7월 기준 하루 120만 건 이상의 거래를 처리하는 세계에서 가장 큰 스마트 계약 블록체인이다. 독특한 예술품이나 토큰의 디지털 표현인 NFT도 이더리움에서 처음 등장했다. 이 중에는 수천만 달러에 팔린 NFT도 있는데, 아마도 현재 블록체인 공간에서 가장 인기 있는 상품일 것이다.

유틸리티 코인 외에 지속적으로 가치를 유지할 잠재력을 지닌 것은 비트코인이 유일하다. 최초의 암호화폐이기 때문이다. 비트코인은 스마트 계약 인프라를 제공하지는 않지만, 수집가들이 항상 관심을 갖는 아이템이라는 점에서 장래성이 있다. 게다가 비트코인 공급은 비트코인 알고리즘에 프로그래밍된 수량인 2,100만 코인으로 한정되어 있다.

데이 트레이딩, 스윙 트레이딩, 호들링

어떤 종류의 암호화폐를 거래하든 반드시 알아두어야 할 3가지 거래 유형이 있다.

첫 번째, 가장 위험한 데이 트레이딩(day trading)이다. 온종일 거래에 매달려야 하는데, 수익성이 매우 좋을 수도 있다. 문제는 주식과 마찬가지로 기술적 분석과 위험 관리를 이해하고 빨리 판단해야한다는 것이다. 게다가 암호화폐 시장은 주식시장보다 10배나 더 불안정하다.[6] 암호화폐 데이 트레이딩이 훨씬 더 위험하지만 때로는 더 높은 수익을 창출할 수 있다. 데이 트레이더들은 코인을 보유하는 시간이 최대 몇 시간에 불과하기 때문에 코인 시장에서 현재 일어나

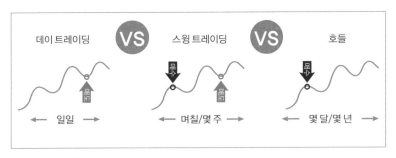

그림 1-2 거래 유형

이동 기간	초단기	단기	중기	장기	초장기
수평 이동 기간	초	분-시간	며칠~몇 주	몇 달~몇 년	10년 이상
거래 유형	초단타	데이 트레이딩	스윙 트레이딩	포지션 트레이딩	투자

그림 1-3 거래 유형 세부 구분

는 사건들보다 차트 분석에 의존해야 한다. 모든 암호화폐 거래에는 거래소에 지불해야 하는 수수료가 있다(수수료에 대해서는 이 장의 뒷부분에서 설명한다). 하루에만 여러 차례 거래하는 데이 트레이더들에게는 수수료 손실이 만만치 않다.

이런 단점이 있더라도 데이 트레이딩은 장소에 구애받지 않고 시도할 수 있는 수익성 높은 거래 방법이다. 하지만 매우 위험하고 숙달되는 데 몇 년이 걸릴 수 있다. 다만 다른 고소득 직업과 마찬가지로 잘만 하면 노력의 대가를 얻을 수 있다.

두 번째, 스윙 트레이딩(swing trading)이다. 코인을 사거나 팔기 전에 시장의 변동(swing)을 기다린다. 여기서 스윙은 며칠에서 몇 주 간격이 될 수 있으며, 데이 트레이딩과 달리 암호화폐 거래에 하루 중 단 몇 시간만 할애한다. 다른 정규직에 종사하는 사람들은 스윙 트레이딩이 데이 트레이딩보다 훨씬 더 현실적인 대안이다. 스윙 트레이딩의 관건은 가격 변동을 어떻게 상쇄하느냐이다. 데이 트레이딩보다 훨씬 적지만 여전히 위험이 수반된다는 의미다. 스윙 트레이딩에서는 단기 차익을 노리고 매도하려는 성향이 나타나기도 한다. 그래서 스윙 트레이더들이 잠재적인 장기 수익을 놓치는 경우도 많다.

암호화폐는 의심할 여지 없이 흥미진진한 새로운 공간이지만, 성공한 사람들은 기술적으로 매우 뛰어날 뿐만 아니라 많은 유동 자산을 가지고 있고, 게다가 운도 꽤 따른다. 대개는 얼리어댑터들이 큰 승자가 되는 경향이 있다(물론 큰 행운이 따라야 하지만). 유명한 예로 윙클보스 쌍둥이 형제를 들 수 있다. 이들은 2011년 비트코인에 1만

1,000달러를 투자했는데, 2017년에 그들이 보유한 비트코인의 가치는 10억 달러 이상이다. 극도로 위험한 투자이지만, 믿을 수 없을 정도의 성과를 가져다주었다.

마지막으로 호들링(Hodling)이 있다. 2013년에 '보유'를 의미하는 홀딩(holding)이라는 단어의 철자를 잘못 쓴 것에서 유래된 이 단어는 '필사적으로 버틴다'는 의미로 쓰이기도 한다. 2013년에 한 인터넷 암호화폐 거래자가 포럼 게시판에서 데이 트레이더처럼 전문 지식이나 연구에 전념할 시간이 부족한 사람들이 어떻게 손해를 볼 수 있는지를 설명했다. 그는 꾸준한 성장을 볼 수 있을 만큼 오랫동안 투자금을 보유(hold)하기로 결정했다. 그러면서 hold를 hodl로 잘못 썼는데, 그것이 곧 '필사적으로 버틴다'(holding on for dear life)는 의미로 쓰이게 되었다.

어쨌든 호들링은 자주 거래하지 않는 방법이다. 어떤 암호화폐에 투자할지 제대로 연구한 후에 적정량을 사들이고 가격이 오를 때까지 기다리는 것이다. 데이 트레이딩이나 스윙 트레이딩은 변동성이 크기 때문에 잦은 거래가 유리한 알트코인들이 주 대상이지만, 호들링은 비트코인이나 이더리움 같은 유틸리티 코인을 대상으로 한다. 가장 잘 알려진 코인이기 때문에 장기 투자 잠재력이 가장 높고, 실제로 암호화폐 투자에 발을 들인 사람이라면 누구나 자신들의 포트폴리오에 포함한다. 호들링은 또 암호화폐에 신경 쓰는 시간이 훨씬 더 적고 힘도 들지 않으며, 수수료 부담도 훨씬 적다.

호들링에는 이런 긍정적인 측면이 있지만, 이익을 챙길 기회를 놓칠 가능성도 분명 존재하기 때문에 만족스러운 수익을 얻기 위해서는 상당한 인내심이 필요하다.

첫 투자를 위해 필요한 단계

암호화폐를 거래하려면 코인을 구매할 수 있는 거래소에 등록해야 한다. 어떤 거래소를 선택할지를 결정할 때 주의해야 할 점은 거래 수수료, 취급하는 통화의 종류, 거래량, 그리고 코인을 보관할 수 있는 지갑을 제공하는지 등 크게 4가지다.

이러한 기준으로 볼 때, 가장 널리 이용되는 거래소 중 하나가 바로 코인베이스(Coinbase)다. 이 플랫폼은 지갑을 제공하며, 접근성이 뛰어나고, 유동성(거래량)이 높다. 코인베이스의 인터페이스는 탐색하기 쉽고, 하루에 90억 달러 이상의 거래를 처리할 수 있다.[7] 또한 초보나 경험이 많은 거래자의 요구를 모두 충족한다. 한 분기에 5,600만 명의 사용자가 코인베이스에서 3,000억 달러 이상의 암호화폐를 거래하고 있다.

암호화폐 데이터 업체 코인마켓캡(CoinMarketCap)에 따르면 코인베이스는 전체 거래소 중 세 번째로 거래량이 많다. 거래 수수료는 0.99~2.99달러로 다양하며, 고급 버전인 코인베이스 프로는 0.5%에 달한다.[8] (2022년 6월 코인베이스는 프로 트레이더 전용으로 만들었던 코인베이스 프로를 폐쇄한다고 발표했다. 그러나 서비스는 코인베이스 내의 새로운 거래 섹션인 '어드밴스드 트레이더'Advanced Trade로 이전 통합했고, 수수료는 0~0.6% 그대로이다.)

코인베이스가 매우 다양한 종류의 암호화폐를 취급하고 있지만, 거래자들에게 가장 많은 옵션을 제공하는 거래소는 바이낸스 (Binance)다.[9] 새로운 코인이나 덜 알려진 암호화폐를 찾고 있다면 이 거래소가 좋은 선택이 될 것이다. 바이낸스는 거래 수수료도 매우 낮은 0.1%로 균일하며, 500종류의 다양한 암호화폐들을 거래할 수 있다. 바이낸스는 하루 140만 건 이상의 거래를 처리하고 있으며,[10] 지갑도 제공한다.

한 가지 주의할 사항은 미국 정부가 거래 금지 목록을 발표하면서 암호화폐 여러 개의 거래를 금지했다는 점이다. 미국 시민들은 여전히 바이낸스 거래소를 이용할 수 있지만, 대신 Binance.us를 사용해야 하며, 물론 미국인에게 금지된 암호화폐의 거래는 허용하지 않는다.

기술 지원 측면에서 보면 대부분의 거래소는 이메일 지원만 제공한다. 거래소 입장에서는 등록 절차를 무시할 수 없다. 전화 지원을 제공하는 거래소는 없고, 극소수의 거래소만 열심히 이메일 응답을 해준다. 2017년에 설립된 오케이엑스(OKX, 기존 OKEx) 거래소도 전화 지원을 제공하지 않지만 인기 있는 거래소다.

전화 지원이 안 되는 것은 물론 이메일 지원도 턱없이 부족하다는 것이 암호화폐 거래의 전반적인 단점이다. 하지만 다른 거래소보다 사용자에게 더 많은 고객 관리 서비스를 제공하는 거래소가 있다. 바로 크라켄(Kraken) 거래소다. Kraken.com은 도움을 요청하는 사람들에게 이메일 답변을 적극적으로 해준다. 이 기능을 선호하는 거래자들에게는 가장 좋은 거래소가 될 것이다.[11]

크라켄은 거래자들에게 자동 손절매(trailing stop loss) 기능을 제공한다는 점에서도 특별하다. 간단히 설명하면 거래자가 손실 비율을 미리 설정할 수 있다는 의미다. 암호화폐의 가격이 거래자가 설정한 가격까지 떨어지면 시스템이 자동으로 매도한다. 암호화폐 가격이 다시 상승할 경우, 시스템이 다시 매도하려면 같은 비율만큼 떨어져야 한다. 자동 손절매 기능은 거래자가 이익을 취했을 때 매도해서 과도한 손실을 방지하기 위한 것이다. 이 기능은 특히 데이 트레이더들에게 매우 중요한데, 안타깝게도 인기 플랫폼 로빈후드(Robinhood)는 이 기능이 없다.

차트 읽기

어떤 거래 방법을 선택하든 포트폴리오에 새로운 암호화폐를 추가하려면 충분히 연구해야 한다. 정통적인 거래에서는 해당 암호화폐에 대한 예측 차트를 조사하는 것이 매우 중요하다. 분석 대상을 탐구하기 전에 금융 시장은 극도로 예측 불가능하다는 것을 명심해야 한다.

프린스턴대학의 한 교수가 원숭이들에게 눈을 가리고 무작위로 배열된 주식 종목에 다트를 던지게 하는 연구를 수행했다. 놀랍게도 원숭이들이 이렇게 선정한 '포트폴리오'가 특정 기간의 98%에서 전문 투자자들이 만든 인덱스 펀드를 능가했다.[12] 교수들은 1964년부터 2010년까지 이 과정을 매년 반복하고 결과를 추적했다. 매년 100마리의 원숭이에게 반복해서 무작위로 배열된 주식 종목

이름	유동성	거래량(24시간)	거래되는 거래소 수	출시일
HiiBTC	74,704,601	714,598,554	824	2013년 12월
Bitfinex	69,455,083	242,569,005	277	2012년 10월
Binance	67,969,520	6,670,720,885	610	2017년 7월
Huobi Global	65,704,672	1,553,156,707	542	2013년 9월
Kraken	34,893,390	363,967,623	140	2011년 7월
ZB.com	29,104,689	2,074,751,329	144	2017년 11월
Folgory	23,148,378	2,103,624,971	118	2019년 1월
BW.com	23,119,533	228,235,877	115	2017년 1월
ZBG	22,249,703	39,771,213	60	2018년 7월
OKEx	21,640,116	2,960,080,452	377	2014년 1월
Huobi Russia	19,025,877	90,083,180	102	2018년 11월
Bittrex	16,066,619	39,604,538	354	2014년 2월

그림 1-4 차트 해석하기

에 다트를 던지게 한 것이다. 놀랍게도 원숭이가 선택한 포트폴리오 100개 중 98개가 매년 시가총액 기준 대형주 1,000개의 성과를 제쳤다. 이는 기술적 분석을 무시해서는 안 되지만, 데이터는 오직 예측에 도움될 뿐이라는 점을 의미한다. 아무리 많은 연구를 한다 하더라도 어떤 종목이 오를지 정확하게 예측하는 것은 불가능하다.

가장 일반적인 측정 방법은 단순이동평균(SMA)과 지수이동평균(EMA)이다. 특정 기간에 걸친 암호화폐 가격의 평균치를 보면(그림 1-5, 1-6 참고) 기간이 짧을수록 SMA는 반응성이 더 높다. 이 것은 암호화폐 가격이 상승하거나 하락하는 추세를 예측하는 데 사용된다.

쉽게 말해 SMA는 변동성을 완화해서 거래자가 더 나은 결정을 내릴 수 있도록 돕는다. 반면 EMA는 좀 더 복잡한 지표로 최근 가격에 더 중점을 둔다. 일부 경제학자들은 시장은 스스로 바로잡는 속성이 있어서 최근 가격이 미래 가격을 예측하는 데 도움이 된다고 주장한다. 이 논리에 따르면, 오래된 가격이 포함되어 있는 SMA를 계산하는 것은 단기 거래자들에게 필요하지 않다는 것이다. 하지만 SMA는 장기적으로 결정을 내리기 때문에 장기 거래를 선호하는 호들러들에게는 유용한 도구다.

EMA는 최근의 가격에 가중치를 적용하므로 최근의 변화에 훨씬 더 반응하도록 만들어진다. 거래자가 2가지의 평균을 사용하는 방법은 비교적 간단하다. 특정 통화의 가격이 이동평균보다 낮으면 하락하는 추세이고, 이동평균보다 높으면 상승하는 추세다.

다만 EMA와 관련된 한 가지 문제는, 때로는 작은 가격 변화가 EMA 공식에 의해 악화되는 것으로 보여서 거래자가 미리 겁을 먹고 매도해서 이익을 놓칠 수 있다는 것이다. SMA는 변화에 덜 반응하기

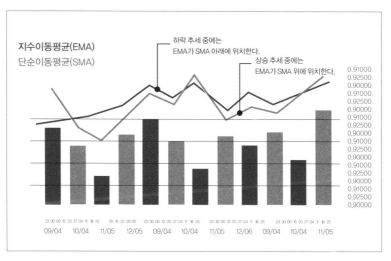

그림 1-5 지수이동평균과 단순이동평균

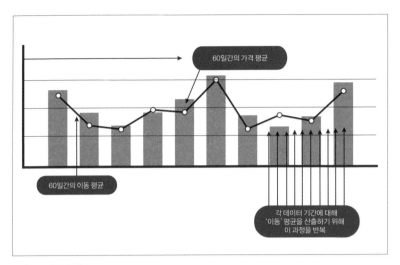

그림1-6 평균 측정점

때문에 그런 문제를 일으키지는 않는다.[13] 어떤 유형의 암호화폐를 거래하든 수익성을 높이려면 SMA와 EMA를 이해하는 것이 필수다.

암호화폐 시장 변동성의 주범은 고래들

변동성을 결코 과소평가해서는 안 된다. 암호화폐 세계에서 변동성은 시장 예측이 불가능하다는 것과 급격한 변화를 의미한다. 변동성의 가장 큰 주범은 고래, 즉 특정 화폐를 대량으로 보유한 개인 또는 기관들이다. 그들의 행동 하나하나가 암호화폐 가격과 개인 거래자들의 지갑에 큰 영향을 미칠 수 있다. 비트코인은 총공급량의 40%를 불과 1,000명이 소유하고 있다는 추측도 있다.[14] 이들 중 수백 명이 자신이 소유한 양의 절반만 팔아도 시장을 망칠 수 있다. 주식 거래자와 달리, 암호화폐 공간에서 고래는 증권거래위원회의 감시도

받지 않는다.

고래는 3가지 방법으로 시장을 조종한다. 가장 일반적인 방법은 펌프 앤드 덤프다. 고래는 한 번 매수할 때 많은 양의 코인을 사들이기 때문에 가격이 치솟는다(펌프). 그러면 가격 상승 추세를 타려는 개인 거래자들이 매수를 시작한다. 이것이 두 번째 가격 상승을 유발하는데, 고래들은 바로 그 시점에서 매도해(덤프) 이익을 챙긴다.

고래들이 구사하는 두 번째 전략은 매도벽(sell wall)이다. 32쪽 그림 1-8을 보면 고래는 시장 가격보다 낮은 가격으로 유난히 많은 매도 주문을 낸다. 엄청난 주문 규모 때문에 개인 투자자들은 고래의 주문 가격보다 높게 팔 수 없으니 가격이 하락한다. 그러면 개인 투자자들은 자신의 보유량을 파는데, 이때 고래가 뛰어들어 낮은 가격으로 코인을 긁어모은다.

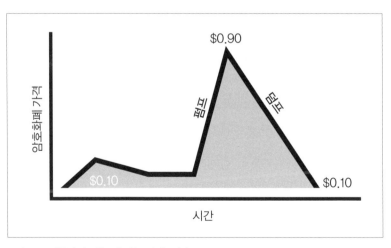

그림 1-7 고래들이 펌프 앤드 덤프를 구사하는 방법

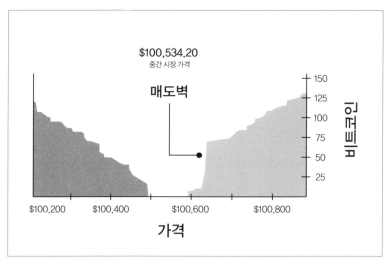

$100,534.20
중간 시장 가격

매도벽

비트코인

150
125
100
75
50
25

$100,200 $100,400 $100,600 $100,800

가격

그림 1-8 중간 시장 가격

세 번째 조작 전술은 다크 풀(dark pool)이다. 고래들끼리 암호화폐를 거래하는 것으로, 공공 시장에는 전혀 영향을 미치지 않는다. 하지만 이를 통해 고래들은 상당한 양의 암호화폐를 보유했다가 나중에 매도벽을 실행할 수 있다.[15]

인플루언서들도 당신에게 영향을 미친다

앞서 고래들이 암호화폐 시장에 큰 영향을 미친다는 점을 언급했지만, 제2의 당사자도 시장 변동성에 영향을 미친다. 소위 유명 인사들은 많은 사람들의 행동에 큰 영향을 미치는데, 시장에도 마찬가지다. 그들은 증권거래위원회의 관할이 아니기 때문에 암호화폐를 공개적으로 언급해서 시장을 조작할 수 있다.

최근 가장 눈에 띄는 사례로는 테슬라와 스페이스X의 최고경영자(CEO) 일론 머스크Elon Musk가 미국 NBC의 심야 쇼 프로그램 〈새터데이 나이트 라이브(Saturday Night Live)〉에 출연한 것이다. 머스크는 이 쇼에 나오기 몇 달 전부터 이미 자신의 SNS에 암호화폐, 특히 도지코인에 대해 언급하기 시작했다. 이 쇼가 방영되기 전달부터 도지코인 가격은 꾸준히 상승하더니 무려 600퍼센트 넘게 올랐다. 머스크가 전 국민이 보는 방송에서 도지코인을 언급할 것이라는 기대감 때문이었다.

그러나 팬들과 투기꾼들은 모두 잘못 짚었다. 머스크는 쇼 프로그램에서 도지코인에 대한 농담을 하며 거래자들을 열광시켰지만 도지코인의 가격은 그 후 거의 30% 떨어졌다. 인기 많은 주식 및 암호화폐 거래소 로빈후드는 너무 많은 거래가 몰려서 플랫폼이 마비되기도 했다.[16]

대부분의 사람들은 이런 인플루언서들이 좌지우지할 수 있기 때문에 암호화폐 거래에 발을 들여놓아서는 안 된다고 생각한다. 현재로서는 그들이 시장에 영향을 미치는 것을 어찌할 수 없다. 암호화폐 시장에서 가장 큰 목소리를 내는 사람들을 꾸준히 관찰하고 그들의 글이나 말에 주의를 기울이는 것은 자신의 포트폴리오를 보호하기 위해 중요한 일이다.

거래할 암호화폐 고르기

암호화폐 거래와 구성 요소, 그리고 가격 변동의 배경에 대한 정보를 충분히 얻었으니 이제 투자할 암호화폐를 선택해야 한다. 투자할 만한 암호화폐를 찾는 데 매우 유용한 곳은 바로 암호화폐 전문 리서치 회사 메사리(Messari.io)다.[17] 여기에서 다양한 암호화폐, 블록체인, 스마트 계약 애플리케이션 등에 대해 최고 수준의 애널리스트들이 만든 가격 정보, 데이터, 연구 자료 등을 찾아볼 수 있다. 또한 모든 암호화폐의 가격, 시가총액, 공급량도 조회해 볼 수 있다. 특히 유틸리티 토큰에 대한 투자를 모색하는 거래자들을 위해 특정 순위에 올라 있는 블록체인에 관해 많은 분석 정보를 제공한다.

더 많은 지침이 필요하다면

암호화폐의 여러 측면들을 깊이 있게 다루고 있지만, 상당한 배경지식을 가진 사람이라도 투자에 직접 뛰어드는 것은 어려운 일이다. 이런 사람들에게 도움을 줄 수 있는 몇 가지 교육과정이 있다. 투자정보 사이트 인베스토피디아(Investopedia)는 초보자를 위한 최고의 과정을 제공할 뿐 아니라, 고급 거래자들도 더 많은 통찰력을 얻기 위해 찾는 곳이다. 수동적으로 예산에 맞춰 투자하려는 거래자들에게도 좋은 과정을 제공한다.

이 과정들은 온라인 학습 및 교육 마켓플레이스 유데미(Udemy)나 링크트인의 온라인 교실 링크드인 러닝(LinkedIn Learning) 같은 플랫폼에도 있다. 두 사이트 모두 접근하기 쉽고 탐색하기도 쉽다. 캘리포

니아대학교 버클리 캠퍼스(UCLA)의 하스 경영대학원(Haas School of Business)도 사업을 시작하는 사람들을 위해 블록체인 기술 구현 과정을 제공하고 있다. 이외에도 암호화폐 거래 과정을 지원하는 수많은 온라인 사이트들이 있다.

2장
블록체인 관련 직업과
기업의 기회

2장에서는 암호화폐와 블록체인의 혁신적인 기술과 관련된 다양한 직업들을 살펴보고 이 분야에서 가장 수익성이 높은 직업과 거기에 진입하는 과정에 대해 알아본다.

마이크로소프트와 페이스북은 암호화폐와 블록체인에 직접 참여하여 기술을 활용하고 새로운 일자리를 창출하는 기업이다. 이 장에서는 기업가 정신에 관심 있는 사람들을 위해 소기업의 잠재적인 기회도 살펴볼 것이다.

이어서 단순한 직업 선택의 차원을 넘어 복잡한 암호화폐 채굴에 대해서도 탐구할 것이다. 최근 암호화폐가 성장하면서 채굴 방법론에 대해서도 많은 검토와 비판이 이루어지고 있는데, 머잖아 모종의 변화가 있을 것으로 보인다.

당일 거래든 단기 거래든 암호화폐를 거래해야만 블록체인 세계에서 부를 창출할 수 있는 것은 아니다. 이 책에서는 암호화폐 거래보다 더 많은 노력과 시간이 필요하지만 가장 확실하고 덜 위험한 접근 방식을 제시할 것이다. 오늘날에는 암호화폐뿐만 아니라 블록체인에서도 많은 돈을 벌 수 있는 직업들이 있다. 기업가들에게 어떤 기회가 있는지 탐색해보고, 암호화폐 채굴의 개념과 채굴이 거래에 미치는 영향, 그리고 경력 개발과 사업 성장의 기회를 알아본다.

블록체인 관련 직업들: 그들의 보수는?

블록체인 관련 일자리는 수요가 많고, 적절한 기술을 갖추고 있다면 상당한 급여를 보장한다. 대부분의 블록체인 전문가들은 10만 달러 이상의 연봉을 받는다.

미국 전역에 걸쳐 수백만 건의 구인 공고를 수집하고 분석하는 버닝글래스(Burning Glass)[1]에 따르면, 2021년 8월 기준 향후 10년간 블록체인 관련 일자리 수요는 24.6% 증가할 것으로 예측되었다. 인기 프리랜서 사이트 업워크(UpWork.com)에 따르면, 블록체인 기술은 2010년보다 무려 6,000% 증가해 가장 빠르게 성장하는 바람직한 기술 1위에 올랐다. 전 세계의 블록체인 시장 규모는 현재 30억 달러 수준이며, 2025년에는 400억 달러에 육박할 것으로 추정된다.[2]

이는 연평균 성장률이 70%에 달하는 호황 시장이라는 것을 나타낸다. 이런 고성장은 블록체인이 다양한 분야의 산업을 관통하기 때문이다. 또한 금융과 기술이 교차하는 분야이므로 암호화폐 전문가들에 대한 수요도 높다.

블록체인 일자리에 필요한 전문지식을 심층적으로 살펴보기 전에 쉽게 진입하기가 매우 어렵다는 점을 이해해야 한다. 그러나 이 분야에서 경력을 쌓기 위한 수단은 쉽게 구할 수 있다. 블록체인은 매우 혁신적인 기술이므로 전문가들은 다양한 분야의 회사에 진출할 수 있다. 블록체인 산업은 고정관념에서 벗어나 새로운 사고를 하는 창의적인 사람들을 필요로 한다.

블록체인은 단순한 유망 직업 이상의 의미를 갖는다. 블록체인과 암호화폐의 모든 토대는 현재의 비즈니스 모델을 바꾸는 데 초점이 맞춰져 있기 때문이다. 이 분야의 사업을 구축하기 위해서는 회사 구성원들에게 블록체인의 비전을 심어주어야 한다. 블록체인의 미래가 매우 밝다는 것은 말할 필요도 없겠지만, 지난 1년은 블록체인에서 그 어느 때보다 중요한 한 해였다.

은행, 기술회사, 스타트업, 그리고 정부까지 모두 블록체인 전문가를 찾고 있다. 블록체인과 관련된 가장 최고의 자리는 단연 블록체인 개발자이다. 블록체인 및 스마트 계약을 설계하고 프로그램을 만드는 사람들이다. 블록체인 아카데미(Blockchain Academy)에 따르면 2021년 4월 기준, 전 세계에서 블록체인 개발자 수요는 매년 300~500%씩 증가해 왔다. 이 분야에 진출하려는 모든 기업들이 개발자 팀을 찾고 있는 셈이다. 블록체인 개발자의 평균 연봉은 15만~17만 달러로 형성되어 있다.[3]

그림 2–1 블록체인 관련 직업들

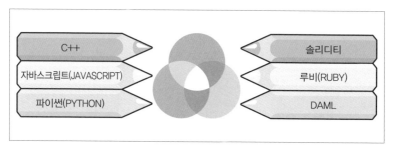

그림 2–2 블록체인 프로그래밍 언어

뉴욕과 샌프란시스코에서 일하는 블록체인 개발자들은 연간 20만 달러 가까이 받는다. 그들은 대개 컴퓨터 과학이나 수학 학위를 가지고 있으며, 고도로 숙련된 프로그래머들이다. 실제로 블록체인을 구축하는 개발자는 솔리디티(Solidity) 또는 C++에 대한 전문지식이 있어야 하고, 분산 애플리케이션을 만드는 개발자들은 솔리디티 같은 스마트 계약 언어에 대한 전문지식을 갖춰야 한다.[4]

두 번째로 좋은 수입을 올릴 수 있는 직업은 블록체인 데이터 과학자이다. 데이터 과학은 이미 가장 빠르게 성장하는 분야 중 하나이지만, 블록체인과 만나면 높은 수요와 높은 연봉을 보장한다.[5] 블록체인 데이터 과학자의 평균 연봉은 17만~18만 달러이다. 블록체인 데이터 과학자의 업무는 블록체인을 분석하고 통계 수치로 표현하는 일이다. 이 일을 하기 위해서는 블록체인 전문 기술에 조예가 깊고 코딩 경험도 있어야 한다.[6]

경영관리 분야에도 블록체인 관련 직업이 있는데, 2가지 형태의 업무가 있다. 첫 번째는 마케팅 매니저로 일하는 것이다. 이 분야에서 일하는 사람들은 현재의 고객, 잠재적 신규 고객, 그리고 가장 중요한 투자자들에게 혁신과 새로운 제품에 대한 정보를 효과적으로 전달할 수 있어야 한다. 이들은 평균적으로 약 18만 달러의 연봉을 받는다.

두 번째는 프로젝트 매니저로 일하는 것이다. 이들은 회사 여러 부서의 프로젝트에 블록체인 기술을 적용하는 업무를 기획하고 조정한다. 이들은 마케팅 매니저보다 약간 적은 수준인 평균 10만 달러의 연봉을 받는다.[7] 블록체인은 아직 신흥 산업이기 때문에 블록체인 기업이 시장에서 입지를 확보하기 위해서는 마케팅이 매우 중요하다.

블록체인과 관련한 또 다른 직업은 블록체인 UX 디자이너다. 블록체인 서비스의 사용자 인터페이스를 만드는 것도 다른 인터넷 서비스 못지않게 중요하다. 그러나 블록체인은 최신 기술이기 때문에 블록체인 인터페이스를 구축하기 위해서는 회의론자들과 새로운 사용자들에게 신뢰를 얻어야 한다. 이 직업은 보통 10만 달러 이상의 연봉을 받는다.

또 다른 직업으로 블록체인 품질 엔지니어를 들 수 있다. 개발자의 제품을 테스트하기 위해서는 블록체인 업계에서 품질보증을 어떻게 처리해야 하는지를 이해하는 고도의 숙련된 기술자가 필요하다. 이들은 평균 10만~12만 달러의 연봉을 받는다.

마지막으로 소개할 직업은 블록체인 법률 컨설턴트다. 특히 정부와 기술 대기업(Big Tech)들은 전문 컨설턴트가 반드시 필요하다. 블록체인의 영향은 점점 더 커지고 있다. 예를 들어 블록체인은 전자 데이터를 전송하는 데 있어 국제적인 장벽을 허물 수 있다. 따라서 블록체인 분야에 진출하려는 기업들은 관련된 법적 제한 사항을 알고 있어야 하므로 관련 법률에 정통한 컨설턴트가 필요하다.

블록체인 관련 직업은 기업의 핵심 부문을 다루기 때문에 매우 특별한 대우를 받는다. 지난 몇 년 동안 이 분야의 일자리는 암호화폐로 급여가 지급되는 프리랜서 형태로 수요와 공급이 이루어졌다. 그러나 요즘에는 다른 직업처럼 실제 기업에 들어가서 일하는 경우가 더 많고 급여도 일반 화폐로 지급된다. 물론 아직도 상당수의 기업은 암호화폐로 결제하고 있다.

개발자는 코딩 전문가이고 관리자는 마케팅에 특화되어 있지만, 어느 쪽이든 시장, 정치 및 경제 환경, 기술 발전 등 암호화폐 세계의 모든 측면에 대해 전반적인 인식을 갖추는 것이 중요하다. 이 분야의 회사들은 인터넷의 새로운 미래를 건설하고 있다. 그 책임을 가장 잘 처리하는 회사에 근무하는 것이 자신의 경력에 큰 힘이 될 것이다.

암호화폐 산업에서 직업 구하기

많은 사람들이 암호화폐를 부를 창출하기 위한 매력적이고 유혹적인 수단으로 여긴다. 그러나 이 새로운 산업은 이제 막 성장하기 시작했다. 예를 들어 인기 있는 구직 사이트 인디드닷컴(Indeed.com)에 2020년 한 해 동안 암호화폐 전문 일자리(job-opening)가 500개 넘게 등록되었고, 이 분야의 전문 구인·구직 사이트인 암호화폐 잡스(Cryptocurrency Jobs)에는 약 500개의 회사가 관련 업무를 할 직원을 찾고 있다.[8] (2022년 9월 7일 기준으로 이 사이트에는 1,000개 이상의 스타트업이 9,000명 이상의 블록체인 구인공고를 등록하고 있다.)

암호화폐 산업에는 블록체인 분야 외에도 수많은 직업들이 있다. 암호화폐에 정통한 재무분석가들은 암호화폐 시장에 진입하려는 전통 투자 회사들이 최우선적으로 찾는 인재다. 이들은 전통적인 금융 세계와 미래 금융 세계 사이의 환상적인 교차점이다. 인디드닷컴에 등록된 구인공고를 보면 이 직업의 평균 연봉은 7만 달러로, 월가의 대형 은행들이 가장 많이 찾는 인재들이다.

암호화폐 거래와 관련된 또 다른 직업은 언론 분야다. 앞서 설명했듯이, 암호화폐 거래에서 시장조사는 매우 중요하다. 투자자들을 위해서는 그런 정보와 자료들을 생산해야 한다. 이 분야의 기고가

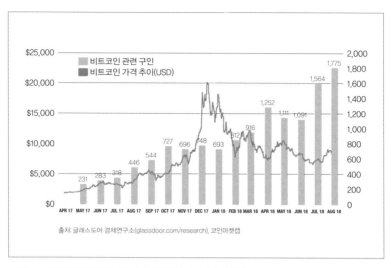

출처: 글래스도어 경제연구소(glassdoor.com/research), 코인마켓캡

그림 2–3 비트코인 관련 일자리 증가세, 암호화폐 가격 상승세 추월

들은 기고문의 품질에 따라 500단어당 평균 250달러를 받는다.[9]

블록체인 기업 내에서도 몇 가지 선택권이 있다. 첫 번째는 머신러닝 엔지니어로 일하는 것이다. 암호화폐는 완전한 디지털이다. 그 자체의 무결성을 보호하고 해커의 공격을 방어하기 위해 숙련된 코더와 엔지니어가 필요하다. 암호화폐 프로그래밍 엔지니어는 6만 ~15만 달러의 연봉을 받는다.

암호화폐 전문가들의 주요 역할별 비율을 보면 엔지니어가 단연 압도적이다. 새로 등장하는 암호화폐는 투자자들을 끌어들이기 위해 자신을 설명하는 긴 문서(백서)를 함께 제시한다. 이런 백서는 암호화폐를 이해하고 투자자들이 무엇을 원하는지 잘 아는 기술자가 작성한다.

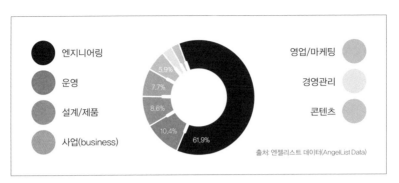

그림 2-4 암호화폐 전문가들의 역할 분포

암호화폐 산업은 백서를 작성하는 일 외에도 마케팅이 필요하다. 이 신흥 산업에서 자신들을 홍보해야 하기 때문에 마케팅 매니저(경영관리 분야와 다른 마케팅 실무 담당자 – 옮긴이)의 수요가 매우 높다. 평균 약 7만 5,000달러로 암호화폐 산업에서 네 번째로 높은 연봉을 받는 직종이다.[10] 암호화폐 산업에서 더 큰 역할을 하고자 하는 사람들은 거래와 관련된 것 외에 훨씬 더 높은 보수를 받는 직종을 찾을 수 있다.[11]

중소기업들을 위한 기회

블록체인 기술이 광범위한 산업에 걸쳐 구현되고 있는 것은 분명하지만, 특히 중소기업과 관련성이 크다. 중소기업들이 수많은 도전에 대처하고 있는 것은 어제오늘 이야기가 아니다. 예를 들어 현금흐름에 어려움을 겪지 않는 중소기업은 거의 없을 것이다. 연구에 따르면, 2019~2020년 동안 40% 이상의 중소기업들이 현금흐름에 어

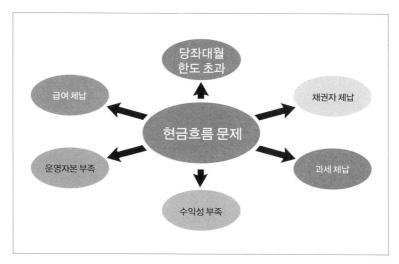

그림 2-5 현금흐름 문제

려움을 겪은 것으로 나타났다.[12]

　　중소기업들의 현금흐름 문제는 주로 채권 수취 능력의 부족에서 발생한다. 〈포브스〉는 현금흐름에 어려움을 겪는 중소기업 중 33%가 연체 채권 때문인 것으로 추정했다.[13] 받아야 할 돈을 늦게 받는 것은 중소기업의 안정성을 크게 해친다. 블록체인은 스마트 계약을 사용하여 이 문제를 해결할 수 있다. 스마트 계약은 공급업체가 납품업체의 승인을 기다리지 않아도 자동으로 계약이 체결되고, 상품 공급이 완료되면 납품업체로부터 공급업체로 자금이 자동 이체된다.

　　중소기업들이 직면하는 또 다른 문제는 사이버 보안이다. 보안 문제를 전담하는 부서가 있는 대기업과 달리, 중소기업은 스스로를 보호하는 데 훨씬 더 어려움을 겪는다. 통계에 따르면 중소기업의 3분의 2가 사이버 보안 문제를 겪었다.

영국은 중소기업들이 사이버 보안 공격으로 입은 손실이 약 136억 파운드에 달하는 것으로 추정된다. 미국도 트럼프 대통령이 2020년 8월 NIST 중소기업 사이버 보안법안에 서명했을 정도로 위협적인 상황이다. 미국 정부는 이 문제를 겪고 있는 중소기업을 지원하기 위해 과감한 조치들을 취했다. 블록체인은 분산 기술로 이 문제를 해결한다. 블록체인에 저장된 데이터는 해커가 거래를 조작하지 못하도록 보호한다.

블록체인이 중소기업의 이러한 문제들을 해결해 줄 수 있다는 것은 부인할 수 없는 사실이다. 암호화폐를 지불수단으로 채택하는 중소기업은 이 밖에도 다양한 혜택을 받을 수 있다. 하지만 구체적인 방법으로 활용할 수 있어야 한다. 암호화폐를 지불수단으로 받아들이면 기업은 더 많은 거래를 할 수 있다.

암호화폐로 거래 수수료를 크게 낮출 수 있는데, 암호화폐를 사용하는 소매업자들은 물론 대량 거래를 하는 기업들에게 매우 매력적이다. 게다가 대형 거래나 해외 거래는 은행들이 처리하는 데 며칠이 걸릴 수 있다. 그러나 블록체인 기술을 사용해 암호화폐로 거래하면 불과 몇 분 이내에 처리가 끝난다. 암호화폐를 채택한 중소기업은 더 많은 거래를 통해 더 많은 수익을 올림으로써 시장의 판도를 바꾸는 게임 체인저가 될 수 있다.

대기업과 은행들이 참여하는 암호화폐 산업의 미래

사실상 암호화폐 관련 직업의 대부분은 금융 산업에서 싹트고 있다. 그런데도 암호화폐와 관련한 가장 흥미로운 뉴스는 기술 대기업에서 나온다. 페이스북은 이미 결제 플랫폼 출시를 발표했고, 아마존도 암호화폐를 결제수단으로 받아들이는 방안을 모색하고 있다. 구글도 블록체인의 선두주자들과 제휴하고 있고, 마이크로소프트는 사용자가 직접 토큰을 만들 수 있는 시스템을 구축하고 있다. 이런 기업들도 완전히 새로운 조직을 운영하기 위해서는 수백 명 또는 수천 명의 새로운 직원들이 필요하다.

게다가 금융기관들도 암호화폐를 채택하기 시작했다. 사실 각국의 중앙은행들은 오랫동안 암호화폐에 반대 입장을 표명해 왔다. 대부분의 중앙은행들은 지난 몇 년 동안 분산형 금융을 비웃었고, 그것이 결코 전통적인 금융기관들과 경쟁하거나 대체하지는 못할 것이라고 주장했다.

2017년 비트코인이 주류 언론의 주목을 처음 받았을 때, 미국 4대 은행의 하나인 JP모건 체이스(JPMorgan Chase)의 CEO 제이미 다이먼(Jamie Dimon)은 "당신이 (비트코인)을 살 정도로 멍청하다면 언젠가는 그 대가를 치르게 될 것"이라고 장담했다. 세계 최대 투자은행 모건 스탠리(Morgan Stanley)의 회장이자 CEO 제임스 고먼(James Gorman)은 암호화폐는 투기 수단에 불과하다며, 암호화폐가 안정적이라고 믿는 사람들은 '착각에 빠진 사람들'이라고 호언했다. 그러나 모건 스탠리는 2021년 3월 미국 최초로 돈 많은 고객들에게 비트코인 펀드를 제공했고,[14] JP모건 체이스도 현재 고객들에게 몇 종류의 암호화폐 펀드를 제공하고 있다.

오늘날 세계 100대 은행 중 절반 이상이 암호화폐와 블록체인에 투자하고 있다. 암호화폐는 기술업계와 금융업계가 지금까지 본 그 무엇과도 다르다. 여기에서는 대기업들이 이 공간에 어떻게 참여하고 있는지, 이 산업의 길을 닦고 있는 새로운 프로젝트는 무엇인지, 그리고 어떻게 참여할 수 있는지 알아볼 것이다.

2021년 8월 중순, 페이스북(지금의 메타)은 노비(Novi)라는 자체 결제 플랫폼을 곧 출시할 것이라고 발표했다. 이 플랫폼에서 페이스북 사용자들은 페이스북이 발행하는 암호화폐 디엠(Diem)으로 결제할 수 있으며, 디엠은 미국 달러를 위시한 여러 법정통화를 기반으로 값이 형성될 것이라고 발표했다.

페이스북은 디엠에 다른 스테이블 코인과는 구분되는 독특한 조치를 취하고 있다. 비트코인이나 이더리움과는 달리, 우버(Uber), 코인베이스, 쇼피파이(Shopify) 같은 회사들이 디엠의 중앙은행 역할을 한다는 것이다. 이 회사들이 디엠의 운영 방식과 관련한 투표권을 가짐으로써 노비가 꽤 흥미로운 프로젝트로 부상했다. 사실 페이스북은 친구들에게 돈을 지불하는 방식으로 디엠을 마케팅하고 있지만, 그 이상의 의미가 있다. 페이스북과 디엠에 참여한 다른 회사들은 미국뿐만 아니라 전 세계 상업의 상당 부분을 차지한다. 이들이 자체 통화를 만들면 노비/페이스북은 미국 정부의 통제를 벗어나 자체적으로 경제를 운영할 수 있다.

페이스북은 2019년에 리브라(Libra)라는 자체 암호화폐를 만들려고 시도했다. 하지만 정부의 규제로 프로젝트는 시작도 하지 못하고 실패했다. 이후 페이스북은 프로젝트를 쇄신해 다른 여러 기업들을 참여시켰고, 노비는 지금까지 모든 규제 장애물을 극복했다. 페이스북의 새로운 플랫폼이 잠재력을 최대한 발휘한다면 암호화폐와 블록체인의 미래 비전은 지금 예상하는 것보다 훨씬 더 가까운 시일 내에 이루어질 것이다.[15] (페이스북은 2022년 4월, 디엠이 규제 승인을 받음과 동시에 노비를 출시할 것이라고 발표했다. – 옮긴이)

페이스북의 벤처만큼 크게 두각을 나타내고 있지는 않지만 아마존닷컴(Amazon.com)도 암호화폐에 대한 움직임을 보이고 있다. 아마존은 2021년 7월 말에 자사 사이트에서 암호화폐를 결제수단으로 받아들이겠다고 밝혔다. 아마존의 이 발표는 사소한 뉴스처럼 보일 수 있지만 영향력 측면에서는 암호화폐의 광범위한 채택에서 기념비적인 사건이 될 수 있다. 수백만 명의 미국인들이 암호화폐를 소유하고 있고, 미국 정부와 큰 은행들이 암호화폐에 시간과 돈을 투자하기 시작했지만, 비트코인을 위시한 암호화폐의 사용은 아직 법정통화인 달러만큼 널리 퍼져 있지 않다.

비트코인은 규모에서 세계 3위를 차지하는 통화이지만, 2020년 미국 내 소비자의 3%만이 비트코인을 거래에 사용했다.[16] 암호화폐를 투자 수단으로만 보기 때문이다. 물론 그 정도만 해도 앞으로 수십 년 동안 암호화폐가 우리 생활과 밀접하게 성장하기에 충분하다. 하지만 아마존이 암호화폐를 결제수단으로 받아들인 것은 엄청난

변화를 가져올 수 있다. 아마존은 2018년 미국 전자상거래 시장의 49%를 점유했기 때문이다.[17]

그렇다고 해서 아마존이나 암호화폐가 승리할 것이라고 해석해서는 안 된다. 현행 미국 세법에 따라 많은 양의 암호화폐를 상품으로 바꾸면 무거운 세금이 부과될 수 있다. 또한 저축해 놓은 암호화폐의 일부를 아마존의 작은 상품을 사는 데 쓰는 것은 비효율적이다. 이런 문제를 감안할 때, 암호화폐의 광범위한 채택은 필요 불가결한 일도 아니고 쉽지도 않을 것이다.

마이크로소프트는 2021년 8월, 암호 토큰을 만드는 과정을 단순화하는 소프트웨어를 개발해 미국 특허를 취득했다.[18] 이 소프트웨어를 사용해 직접 토큰을 만들 수 있고, 다른 블록체인을 통해 그 토큰을 훨씬 더 쉽게 전송할 수 있다. 마이크로소프트는 성공을 창출하려는 기업가나 개인들에게 암호화폐를 직접 만드는 길을 열어주는 방향으로 한 걸음 성큼 내디뎠다. 어쩌면 이로 인해 암호화폐의 광범위한 채택이 더 빠르게 실현될지 모른다.

한편 구글도 블록체인 마켓플레이스 대퍼랩스(Dapper Labs)와 70억 달러 규모의 파트너십을 발표했다. 대퍼는 일주일에 100만 건의 NFT 거래를 관리하고 있으며, 매출 기준 네 번째로 큰 시장이다. 구글의 이런 움직임은 빠르게 성장하는 블록체인 기업들이 구글 웹 서비스의 방대한 컴퓨팅 파워를 활용할 수 있도록 하기 위한 큰 계획의 일환이다. 블록체인 기술이 더 많은 산업에 침투하고, 탈중앙화 기술(일명 웹 3.0)을 수용하는 기업들이 늘어남에 따라, 구글도 미래

제품	매출액	증감 (7일)	구매자	거래 건수
Axie Infinity	$22,859,783.67	▲ 26.46%	15,563	71,134
Bored Ape Yacht Club	$10,213,299.95	▲ 47.82%	994	1,799
NBA Top Shot	$10,197,603.00	▲ 85.90%	34,887	406,631
CryptoPunks	$3,858,867.68	▼ 1.49%	66	74
Veefriends	$3,375,717.44	▲ 192.94%	106	203
Sorare	$1,217,004.76	▼ 18.87%	2,235	5,708
R. Planet	$832,950.60	▼ 46.69%	1,515	4,001
Art Blocks	$768,411.57	▲ 178.14%	194	498
Meebits	$740,690.58	▼ 43.15%	108	175
Alien Worlds	$645,873.92	▼ 13.40%	13,248	76,309

그림 2-6 매출액 기준 NFT 수집 능력 순위

산업을 위한 클라우드 플랫폼을 만드는 방안을 모색하고 있다.

구글은 이미 구축된 네트워크를 더 확장하고 블록체인에서 우위에 서는 것을 목표로 삼고 있다. 이런 점에서 구글은 마이크로소프트뿐만 아니라 자체 웹 서비스 사업을 하고 있는 아마존과도 경쟁하고 있다. 현재 아마존 웹 서비스(AWS)가 인터넷의 3분의 1을 점유하고 있는데, 구글은 이 분야에서 아마존과 경쟁하거나 아마존을 능가하려고 한다.[19]

금융업계는 2017년의 회의적인 전망 이후 많은 발전을 보였다. 컨설팅 회사 딜로이트(Deloitte)의 보고서에 따르면, 금융 전문가의 75% 이상이 암호화폐가 향후 5년에서 10년 안에 법정통화를 대체할 수 있다고 믿었다. 거의 비슷한 비율의 은행 임원들도 자신들의 은행이 지금 블록체인과 암호화폐에 투자하지 않으면 미래 시장에서 우위를 잃을 것이라고 생각했다.

거의 모든 은행들이 국영인 중국은 아예 중앙은행이 디지털 위안화 발행에 나섰다. 이것을 중앙은행 디지털 통화(Central Bank Digital Currency), 즉 CBDC라고 부른다. 블록체인 기술로 발행되는 CBDC는 여러 가지 이점이 있다. 정부는 인터넷을 통해서만 화폐를 유통하고, 은행을 이용할 수 없는 사람들도 금융 시스템 안으로 들어오게 해준다는 것이다.[20] 골드만삭스와 JP모건 같은 글로벌 투자 은행들, 심지어 미국 정부도 자체 CBDC를 만드는 방안을 모색하고 있다. 암호화폐와 경제학 전문지식을 두루 갖춘 사람들에 대한 수요가 높을 수밖에 없다.

암호화폐 채굴: 채굴이 중요한 이유와 채굴의 미래

암호화폐와 블록체인은 분산원장으로 운영된다. 통화를 제조하거나 데이터를 저장하는 단일 컴퓨터 시스템이 없다. 따라서 이론적으로는, 블록체인이 해킹당하거나, 어떤 실체가 암호화폐를 통제하거나 조작할 수 없다. 다만 이 모델의 문제는 암호화폐를 채굴하는 컴퓨터의 생산 능력에 있다. 이 컴퓨터들이 블록체인도 수용해야 하기 때문이다.

컴퓨터에는 2가지 유형이 있는데, 하나는 윈도우나 애플의 맥북 같은 PC이고, 다른 하나는 특정 응용 프로그램만 실행하도록 설계된 컴퓨터다. 후자의 컴퓨터를 주문형 집적회로(ASIC, Application-Specific Integrated Circuits)라고 부르는데, 특정한 한 가지 일을 수행하는 데 매우 효율적이다.

자본주의 사회에서는 흔히 볼 수 있는 일이지만, 중국에서 암호화폐 관련 ASIC를 전문적으로 생산하는 최고의 회사가 되겠다고 나선 비트코인 채굴 대기업 비트메인(Bitmain)이 있다. 하지만 오히려 블록체인 기술의 유통을 중앙집중화해서 블록체인의 무결성을 위협할 가능성도 있다. 또 비트메인이 비트코인 채굴을 독점할 수 있다는 우려도 나온다. 앞서 언급했듯이 한 기업이 원장의 51%를 장악하면 블록체인 기술의 불변성이 위협받을 수 있기 때문이다. 이상적인 분산형 시스템에서는 채굴 컴퓨터가 독립적으로 운영되므로 블록체인을 운영하는 컴퓨터의 절반 이상을 해킹하는 것은 거의 불가능하다.

인구 5,600명의 텍사스주 록데일(Rockdale)에서 비트코인 채굴의 두 거물이 시장 점유율과 저렴한 전기료를 놓고 필사적으로 싸우고 있다. 비트메인에서 분사한 비트디어(Bitdeer)와 비트코인 채

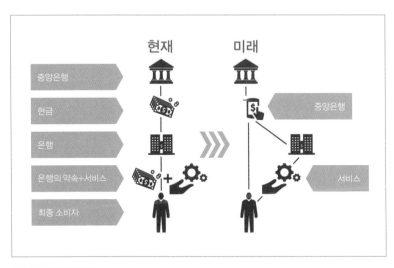

그림 2-7 암호화폐 채굴

굴로는 가장 큰 상장회사인 라이엇 블록체인(Riot Blockchain)이 불과 650m 거리를 두고 경쟁하고 있다.

비트코인의 또 다른 큰 문제는 에너지 소비다. 일론 머스크의 회사 테슬라는 2021년 2월부터 비트코인으로 결제하기 시작했다. 그러나 몇 달도 안 돼 머스크는 테슬라가 더 이상 비트코인으로 지불받지 않을 것이라고 발표했다. 이는 ASIC와 관련이 있다. 이 컴퓨터가 에너지 집약적이고, 아직까지 에너지가 화석연료에 의존하기 때문이다. 비트코인 채굴 컴퓨터들이 소비하는 에너지는 스웨덴이 1년간 소비하는 에너지보다 많다.[21] 비트코인은 분산화되어 있기 때문에 기후 친화적인 연료로 전환하는 것도 쉽지 않다. 비트코인을 운영하는 지배적인 주체가 없는 상황에서 녹색 에너지 사용을 의무화

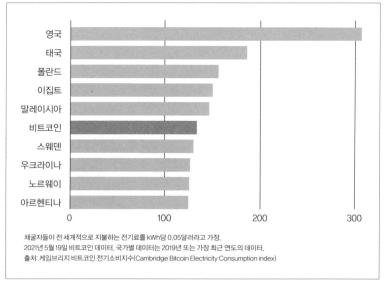

채굴자들이 전 세계적으로 지불하는 전기료를 kWh당 0.05달러라고 가정.
2021년 5월 19일 비트코인 데이터. 국가별 데이터는 2019년 또는 가장 최근 연도의 데이터.
출처: 케임브리지 비트코인 전기소비지수(Cambridge Bitcoin Electricity Consumption index)

그림 2-8 각국의 전기 소비량과 비교한 비트코인의 연간 전기 소비량(TWh)

하는 것은 불가능하기 때문이다.[22]

이 2가지 문제 모두 지분증명(POS, Proof of Stake)이라는 시스템으로 해결될 수 있다. 비트코인의 원래 모델은 작업증명(POW, Proof of Work)으로 코인을 보상받는 것인데, 컴퓨터의 연산력을 높이기 위해 막대한 양의 에너지를 소비해야 한다.

POS는 POW에 소요되는 에너지 집약적인 계산을 피하고, 채굴자는 보유한 코인 수에 비례해 채굴하거나 블록체인 거래를 검증할 수 있다. 예를 들어 어느 한 개인이 거래하려면 공급자와 수취인은 조건부 날인증서(escrow)로 시각화할 수 있는 일정 금액의 통화를 입력한다. 거래와 무관한 별도 사용자도 지분을 입력하고 이들의 컴퓨터가 블록체인의 각 블록을 검증한다. 오류가 나타나면 누군가 모종의 사기 행위를 시도하고 있는 것이므로 네트워크가 사용자의 지분을 분배하는 것이다.

작업증명(POW)	지분증명(POS)

채굴자들은 체인에 블록을 추가하려면
자신의 계산 능력을 사용해
수학 퍼즐을 풀기 위해 경쟁해야 한다.

채굴자들이 블록을 만들기 위해 경쟁할 필요 없다.
사용자의 지분에 따라 검증자(validator)를 선택하기 위해
알고리즘이 사용된다.

체인에 적대적 블록을 추가하려면
사용자가 네트워크의 51%가 넘는
컴퓨팅 성능을 가지고 있어야 한다.

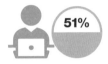

적대적 블록을 추가하려면
사용자가 네트워크상의
모든 암호화폐의 51%를 보유해야 한다.

첫 번째로 수학 퍼즐을 푼 채굴자에게는 블록을 만들어
블록체인에 추가할 수 있는 보상이 주어진다.

블록을 만들어도 보상은 없고,
검증자나 블록 생성자가 거래 수수료를 챙긴다.

그림 2–9 작업증명 vs. 지분증명

3장
빈곤 탈출의 대안

3장에서는 지구촌의 상당 부분을 차지하는 가난한 나라들에게 절실한 기업 대출이나 투자 자본을 조달하는 데 어떤 문제들이 있는지 살펴볼 것이다. 엄청난 구매력이 있음에도 소수 인종, 여성, 노인 등 사회적 약자들이 왜 자금을 조달하지 못하는지 상세한 통계를 통해 알아본다.

또한 메타(페이스북)가 전 세계적으로 은행 서비스를 받지 못하는 사람들이 금융 서비스에 접근할 수 있도록 자체적인 글로벌 암호화폐 디엠을 출시하는 과정을 간략하게 소개한다.

그리고 오늘날 소액금융기관들이 블록체인의 도움으로 어떻게 성장을 촉진할 수 있는지에 대해서도 알아본다.

성공 가능성이 크다 해도, 사업을 시작하고 성장시키려면 필요한 지원을 받아야 한다. 예비 기업가들이 직면하는 주요 장벽 중 하나가 바로 은행 대출과 투자 자본 유치다. 창업자들의 90~95%가 자기자본이 부족한데, 창업 시점에서 자본을 조달할 수 있는 기업은 극소수에 불과하다.[1]

경제 시스템은 보통 힘 있는 사람들에게 유리하다. 전반적으로 인종, 민족, 소득의 불평등을 보면 대다수의 미국인들이 왜 그렇게 생각하는지 이해된다. 미국에서 부의 격차가 실리콘밸리 지역보다 더 만연한 곳은 없다. 실리콘밸리에서는 인종, 성별, 나이에 따른 차별이 거의 일상이다.[2]

애초부터 자산이 없는 저소득층 출신의 기업가들은 자본 조달의 벽에 직면할 뿐만 아니라, 유동성에서도 큰 제약을 받는다. 연구에 따르면 미국에서는 이미 부를 갖고 있는 사람들이 다른 소득 집단

보다 사업을 시작할 가능성이 훨씬 높은 것으로 나타났다. 개인의 부가 창업에 필수적인 원동력이 되는 것이다.

기술이 조장한 불평등

소비자의 데이터를 수익화하는 데 성공한 소수의 기업인들에게 인터넷은 엄청난 부의 원천이었다. 인터넷 기술 혁명이 막대한 부를 창출했지만, 대기업에 집중되면서 기업가들이 혁신을 이루기가 갈수록 어려워지고 있다. 더구나 승자가 독식하는 디지털 경제의 역학은 강력한 독점 시장을 구축하는 데 기여할 뿐이다. 예를 들어 페이스북, 구글, 애플, 아마존 같은 회사들은 거의 폭력에 가까울 정도의 막강한 자금력으로 기존 산업을 좌지우지할 뿐만 아니라 새로운 진입자들을 억압하고 있다.

새로운 기업가들과 발명가들은 새로운 아이디어를 시장에 신속하게 내놓음으로써 경쟁을 원천 봉쇄하는 거대한 조직과 경쟁해야 한다. 그들은 혁신이 지난한 과정이라는 것을 깨닫게 된다.

물론 기술 자체가 소득 불균형을 야기하는 것은 아니다. 기술은 효율성을 높이고 부를 창출한다. 문제는 우리가 생산성 향상으로 창출된 부와 이익을 어떻게 분배하느냐이다. 지금까지는 부와 이익의 분배가 이루어지지 않는 것 같다.[3]

금융 소외로 인한 불평등

안타깝게도 전 세계적으로 수십억 명의 사람들과 수백만 개의 영세기업 및 기업가들이 높은 금융 거래 비용과 더불어 글로벌 시장에 쉽게 진입하지 못하는 여러 장벽에 직면해 있다. 선진국인 미국조차 4명 중 1명이 은행계좌가 없거나 금융 서비스에서 소외되어 있다.[4]

세계은행의 자료에 따르면, 전 세계적으로 약 17억 명의 성인들이 은행계좌를 개설하지 않았거나 금융 서비스를 받지 못하고 있다. 이들은 일자리, 주택, 교육, 의료 같은 필수 서비스를 받는 것조차 큰 어려움을 겪는다.

페이스북이 주도하는 디엠 연합(Diem Association)은 블록체인 기술을 활용해 금융 서비스 소외자들을 제도권 안으로 포용해 이들도 즉시 돈을 보관하고, 저축하고, 저비용으로 안전하게 송금할 수 있도록 하겠다고 약속했다.[5]

페이스북 CEO 마크 저커버그는 암호화폐 디엠을 활용해 글로벌 빈곤을 완화할 것을 제안했다.[6] 그러나 이런 접근 방식의 문제는 은행계좌가 없거나 금융 서비스에 접근하지 못하는 사람들은 대부분 그만한 돈을 가지고 있지 않다는 것이다. 그런데 디엠은 어떻게 그들이 처음부터 암호화폐를 살 수 있을 것이라고 기대한단 말인가?

높은 금융 거래 비용을 기술로 완화할 수 있지만, 영세 기업과 기업가들이 직면한 자금 조달과 빈곤 문제는 여전히 해결하지 못한다.

빈곤의 한 가지 원인은 금융기관에 접근할 수 없다는 것이다. 또 다른 원인은 재산에 대한 법적 소유권이 없다는 것이다. 빈곤한 사람들 중 상당수는 실제로 집, 토지, 농작물, 사업체를 소유하고 있어도 소유권이나 법인임을 나타낼 만한 증거나 증빙서류가 없다.[7] 그러나 블록체인 기반의 토지 등록 방식은 상당수의 최빈곤층 사람들에게 최초의 실물 자산을 소유하게 해줄 수 있다.[8] 이들은 블록체인에 등록된 재산권으로 새로운 형태의 담보, 신용, 그리고 외국인 투자까지 할 수 있다.

분산원장 기술은 분산되어 있으면서도 서로 공유하는 디지털 데이터 당사자 간(P2P) 네트워크다. 중앙통제형 데이터베이스와는 기본적으로 정반대다. 분산원장 기술이 소액금융 산업의 성장을 촉진하고 혁명을 일으킬 수 있는 기회는 다음과 같다.

1. 대출자의 신분을 확인할 수 있는 새롭고 혁신적인 방법을 제공한다.
2. 신뢰할 수 있는 신용 기록을 만들어 공유한다.
3. 민감한 데이터를 보다 안전한 방법으로 공유하고 유지 관리한다.
4. 대출자에게 자본 흐름을 더 저렴하고 더 빠르게 제공한다.[9]

4장
돈에 대해
다시 생각하기

4장에서는 먼저 초인플레이션과 지나치게 강력한 중앙정부 등 법정통화가 야기하는 문제들을 살펴볼 것이다. 이어서 브릭스턴 파운드와 콜루(Colu) 같은 몇 가지 '사회적' 통화를 소개하면서 공동체가 만든 디지털 화폐가 전통적인 법정통화의 문제를 어떻게 해결할 수 있는지 보여줄 것이다. 그리고 비트코인의 등장이 유동성 투입에 얼마나 도움되었는지를 보여주는 심층적인 사례 연구를 제시한다.

또한 중앙집권화된 정부들을 비판적 시각으로 바라보고, 베네수엘라 같은 국가들에게 법정통화가 얼마나 불리한지를 알아본다. 추가로 정부 부패, 범죄, 위조, 초인플레이션, 통화 평가절하, 높은 국제 송금 비용 등 법정통화의 몇 가지 문제점들을 집중해서 살펴볼 것이다.

중앙정부

당사자 간 자발적 거래가 아닌 계약에 의거한 거래에는 대개 당사자의 권리와 책임을 거래 조건으로 내세운다. 불행하게도 모든 당사자를 신뢰할 수는 없다. 이러한 신뢰 부족 때문에 사람들은 계약 조건을 강제하기 위한 권력 구조를 만들었다.

중앙 당국은 자발적인 관계와는 반대로, 강압적인 의무에 따라 운영되는 법정통화를 제정한다. 그러면서 대체 통화를 인정하지 않거나 최소한의 규제를 함으로써 사실상 가치 교환을 독점한다.

베네수엘라의 사례는 법정통화의 가장 큰 결함이 무엇인지 보여준다. 우선 정부의 법정통화는 무능하고 부패한 지도자들이 국가의 부를 약탈하기 쉽게 만든다. 중앙 당국이 하는 일은 그저 더 많은 화폐를 찍어내는 것뿐이다.[1] 힘없는 시민들은 평가절하된 지폐를 받아들일 수밖에 없다.

보통 사람들은 가치가 떨어진 지폐를 국경 밖에서는 쓸 수 없기 때문에 이 끔찍한 시스템에 지배될 수밖에 없다. 국외의 누구도 그 나라의 돈을 받지 않으니 국외로 현금을 옮길 수도 없다.

중앙정부가 법정통화를 관리 통제하는 문제를 보여주는 또 다른 예가 2016년 11월 8일에 발생했다. 인도의 나렌드라 모디(Narendra Modi) 총리는 자국 현금의 86%를 쓸모없는 돈이라고 선포했다. 모디 총리가 텔레비전에 직접 출연해 인도 국민들이 가장 많이 사용하는 500루피와 1,000루피 지폐가 그 순간부터 가치가 없어졌다고 발표한 것이다.[2] 모디 총리의 선언은 국가가 어느 한순간에 화폐의 구매력을 파괴하거나 빼앗을 수 있다는 것을 전 세계에 보여주었다.

암호화폐를 가장 노골적으로 반대하는 인물로 꼽히는 케네스 S. 로고프(Kenneth S. Rogoff, 국제통화기금(IMF) 전 수석 이코노미스트)도 법정통화에 대한 비판론자다. 현재 하버드 대학교에서 공공정책을 가르치는 로고프 교수는 법정통화를 완전히 폐지해야 한다고 권고한다. 그는 각국의 중앙은행들이 지폐를 발행하고 판매해서 이익을 챙기고 합법적인 기업에게서 현금을 빼앗아 암시장을 조장하고 있다고 비난한다.[3]

로고프 교수는 비영리 국제 언론 단체인 프로젝트 신디케이트(Project Syndicate)의 칼럼에서 비트코인을 '바보들의 금'(Crypto Fool's Gold)이라고 비난했지만, 현재의 법정통화는 더 나쁘다고 주장했다. 그는 정부들이 결국에는 법정통화를 국영 암호화폐로 대체할 것으로 보고 있다.[4] 그는 정부가 언젠가는 암호화폐의 길을 따를 것이라고 예측했다. 역사적으로 보면 은행들이 먼저 지폐를 발행하고 나중에 정부가 그 과정을 뒤따랐다는 것이다.

법정통화는 그것을 통제하는 사람들이 돈의 가용성, 수량 및 분배 방식을 마음대로 변경함으로써 구매력(결과적으로 부)을 재분배할 수 있다.

범죄와 위조

화폐의 위조는 국민들에게 재정적 손실을 입히기 때문에 국가 경제에 중대한 위협이다. 위조화폐는 법정통화의 가치를 떨어뜨리고, 승인되지 않은 통화가 시장에 공급됨으로써 인플레이션을 유발한다. 위조화폐의 또 다른 문제는 은행들이 적발해도 압수된 위조지폐에 대해 변상해 주지 않기 때문에 거래자들은 손실을 입고 공식 화폐에 대한 신뢰를 떨어뜨린다는 것이다.[5]

심지어 합법적인 지폐도 범죄자들에 의해 남용될 수 있다. 로고프 교수는 100달러짜리 지폐가 미국 화폐 공급의 80%를 차지하고 있으며, 전 세계의 범죄자들이 가장 선호하는 교환 수단이라고 지적한다.[6] 그는 또 범죄자들이 현금을 선호하는 주된 이유도 지하경제에서 범죄적 경제 활동을 하 쉽기 때문이라고 강조한다.

로고프 교수는 2016년 인터뷰에서 스웨덴 정부가 현금 유통의 양을 줄였을 때 은행 강도 범죄 건수가 크게 감소했다고 언급했다.[7] 하지만 역설적이게도 비판론자들은 범죄자들이 현금을 사용할 가능성이 훨씬 더 높지만, 비트코인이나 다른 암호화폐들은 범죄자들에게 더 이익이 된다고 주장한다.

법정통화로 송금

몇 달 전, 미국에서 송금 서비스 회사 웨스턴 유니온(Western Union)을 통해 영국으로 300파운드를 송금하려고 하다가 은행을 통한 국제 송금 수수료와 비교하기 위해 잠시 멈췄다. 확인해 보니 환율 때문에 웨스턴 유니온을 통한 이체가 100달러나 더 비쌌다.

은행 서비스를 받지 못하는 사람들은 암호화폐를 통하면 높은 거래 수수료를 부담하지 않아도 된다. 암호화폐의 주요 장점은 가난한 사람들과 은행 서비스에서 소외된 사람들이 환율 변동으로 인한 비용 발생 없이 해외 거래를 할 수 있다는 것이다. 그리고 이전에는 부유한 사람들만 이용할 수 있었던 지출이나 송금도 할 수 있다.

법정통화의 강제성

법정통화 제도는 강제성이 있다는 점에서 비도덕적이라고 할 수 있다.[8] 하지만 법정통화 제도에서 강제성은 반드시 필요하다. 예를 들어 1933년 미국 정부는 시민들에게 금 대신 연방 준비 불환 은행권을 강요하고, 이를 거부하면 1만 달러의 벌금 또는 10년의 징역에 처하겠다고 위협했다.[9] 결국 정부는 사람들에게 법정통화를 강요한 것이다.

법정통화와 초인플레이션

영국 중앙은행은 2009년부터 2012년 사이에 3,750억 파운드(약 600조 원)의 돈을 새로 찍어내 이미 유통되고 있는 통화를 평가절하시켰다.[10]

암호화폐는 유통되는 화폐의 양을 제한하고 있기 때문에 이런 유형의 인플레이션을 막을 수 있다. 예를 들어 비트코인의 공급량은 2,100만 코인으로 제한되어 있다.[11]

베네수엘라에서는 2017년 한 해 동안 물가가 12,875%나 올라 국민들은 극심한 초인플레이션을 겪었다.[12] 베네수엘라가 이처럼 끔찍한 경제 상황에 처하자 수천 명의 베네수엘라 국민들은 비트코인(BTC)과 이더리움의 이더토큰(ETH) 채굴에 눈을 돌려 한 달에 500달러를 벌었다. 베네수엘라 국민들은 채굴한 암호화폐로 전자상거래를 통해 식품과 의약품 등 필수품을 구매했는데, 길거리에서 이런 소비재 상품을 교환하는 것보다 훨씬 더 효율적이었다. 베네수엘라 경찰들은 공공연하게 채굴 장비를 압수하고 다시 팔아서 수입을 올리기도 한다. 하지만 암호화폐를 채굴하기만 하면 암호로 보호된 지갑에 저장할 수 있기 때문에 경찰 당국이 총을 겨눠 훔치거나 압수할 수 없다.

법정통화는 상품과 같이 물리적으로 가치 있는 물건(physical reserves)과 연계되어 있지 않으면 초인플레이션으로 인해 가치가 사라질 위험에 처하게 된다.[13]

통화의 공급과 분배가 급증하면 물가가 불안정해지고 인위적으로 경기를 부양하거나 침체시키면 초인플레이션으로 통화가 평가절하된다.

볼테르는 "종이 화폐는 결국 본질적 가치인 0으로 돌아갈 것이다."라는 유명한 글을 남겼다. 이것이야말로 우리가 암호화폐의 미래를 탐구해야 하는 이유다.

법정통화의 문제점

법정통화는 정부가 합법적이라고 선포하고 만든 통화에 지나지 않는다. 예전에는 법정통화가 금과 같은 실물 상품에 의해 뒷받침되었지만, 오늘날에는 공급과 수요의 원칙과 법정통화를 발행하는 국가의 신용도에 의해 뒷받침되고 있다. 법정통화는 정부가 고도로 통제하고 안정성을 보장한다. 하지만 법정통화의 통제권이 잘못된 손에 넘어가면 순식간에 불안해진다.

법정통화가 앞으로도 계속 존재할 것 같지는 않다. 오늘날 법정통화는 추상적인 개념에 불과하기 때문이다. 법정통화의 대부분은 더 이상 물리적인 지폐나 동전으로 존재하지 않으며, 컴퓨터에서 말 그대로 아무 가치 없는 디지털 숫자로 존재한다.

그뿐만 아니라 법정통화는 우리에게 일방적으로 공급되고, 관할 당국이 그 양과 가용성을 임의로 조절하며 부를 재분배하기 때문에 초인플레이션을 초래할 수 있다. 법정통화는 오늘날 우리가 사용할 수 있는 유일한 통화이기 때문에 사실상 모든 가치 교환을 독점한다.

법정통화는 독점적 지위를 가지고 부를 고착화시켜 결국 경제를 불안정하게 만든다. 재산이 부유한 사람들에게 집중될수록 소득 불평등은 더욱 높아진다.

부의 집중은 부유층과 빈곤층 모두에게 부패를 조장한다. 부유층 사회에서는 개인의 탐욕으로 부패가 발생하고, 가난한 사회에서는 범죄로 부패가 발생한다. 부패가 계속되면 통화에 대한 신뢰와 믿음이 사라지고, 결과적으로 통화는 본질적인 가치인 0으로 돌아간다. 이것이 바로 모든 사회가 현재 사용하고 있는 돈에 대해 다시 생각해야 하는 이유다. 지금부터 지역 공동체들이 어떻게 자신들만의 통화를 만들게 되었는지를 보여줄 것이다.

브릭스턴 파운드

2009년 9월, 몇 명의 영국 경제학자들이 런던 남부 브릭스턴에 유동성을 주입했다. 지역사회를 지원하기 위해 화폐를 만든 것이다. 영국 중앙은행은 휴대폰에서 문자로 돈을 전송하는 이 브릭스턴 파운드를 통제하지 않는다. 브릭스턴 파운드는 신용카드나 직불카드가 없거나 은행을 이용하고 싶지 않은 사람들을 위해 만든 지불 형태다. 약 50만 파운드에 달하는 브릭스턴 파운드가 유통되고 있으며, 브릭스턴 전역에 걸쳐 200개 이상의 업소들이 이 화폐를 받았다.[14]

브릭스턴은 시장, 문화, 창조적 에너지, 다양성을 기반으로 국제적인 명성을 얻고 있는 도시다. 브릭스턴 파운드 웹사이트에 따르면, 2011년 9월에 전자문자 결제 플랫폼이 출시되면서 이후 물리적인 종이 기반 화폐가 사라졌다.

브릭스턴 파운드의 임무는 경제적으로 힘든 시기와 지배적인 권력 사슬을 고려해 지역경제의 다양성을 지원하고 회복력을 구축하는 것이었다. 브릭스턴 파운드는 이에 그치지 않고 지역사회 경제에 대한 인식을 높이고 주민들의 재정을 보호하기 위해 자조 모델을 촉진했다. 브릭스턴 파운드의 또 다른 목표는 상품을 지역 내에서 조달함으로써 이산화탄소 배출을 줄이고 금융 기술(FinTech)의 선구자로서 지역은 물론 국가적으로 브릭스턴의 위상을 높이는 것이었다.

파운드와 1:1 고정환율을 설정한 이 통화는 200개가 넘는 현지 상점과 기업에서 통용되고 있으며, 지방세를 납부할 수도 있다.[15]

브릭스턴 파운드의 찰리 워터하우스(Charlie Waterhouse) 대표는 "커피 체인점에서 커피 한 잔에 5파운드를 지출하면 대부분의 돈은 커피 체인 회사의 주식을 가진 사람의 주머니로 들어가 버린다. 하지만 5파운드를 지역 독립 커피숍에서 사용하면 그 돈은 이 지역에서 계속 유통된다. 이것은 지역 사람들이 일상생활에서 긍정적이고 경제적인 결정을 내릴 수 있도록 힘을 실어준다."라고 역설했다.

지역사회 내에서 유통되는 브릭스턴 파운드 본연의 특성은 통화가 특히 영세기업과 관련하여 지역사회의 경제를 어떻게 활성화하는지를 보여주는 좋은 예다. 브릭스턴 파운드의 사용자들은 중앙은행의 화폐 통제에 과감히 도전함으로써 화폐가치를 스스로 결정하고, 이것은 다시 더 많은 신뢰로 이어진다. 게다가 브릭스턴 파운드는 참가자들이 자발적으로 사용 여부를 결정하기 때문에 강제성도 없다.

브릭스턴 파운드의 계약 담당 매니저 톰 샤클리(Tom Shakhli)는 비트코인 같은 주류 암호화폐가 인기를 끌수록 더 많은 사람들이 브릭스턴 파운드 같은 지역 가상화폐를 채택할 가능성이 더 커질 것이라며 다음과 같이 말했다. "우리 모두(모든 종류의 가상화폐)는 같은 우산 아래 있으며, 이는 국가가 발행하는 법정통화의 대안들이다. 우리 모두는 한가족의 일부이다. 그래서 우리 모두는 상대방에게 더 많은 신뢰를 보낸다."

스파이스 타임 크레딧(Spice Time Credit)

2016년, 런던 동부의 언론 매체 〈해크니 가제트(Hackney Gazette)〉는 런던 해크니 자치구의 노숙자들이 여가 활동에 쓸 수 있는 새로운 화폐가 출시되었다고 보도했다. 이 화폐가 처음 출시된 메어 스트리트(Mare Street)의 쉼터에서 한때 기거했던 길거리 예술가 스틱Stik이 노란색과 녹색의 화폐를 디자인했다. 이 지폐에는 "당신의 시간은 당신 것이다. 당신이 믿는 일에 그 시간을 써라"라는 스틱의 인용구가 새겨져 있다. 〈해크니 가제트〉의 기사에 따르면, 해크니 쉼터에 사는 사람들은 요리, 공동구역 청소, 웹사이트 글 작성 같은 활동에 자원하고 지역 화폐인 스파이스 타임 크레딧을 받는다.[17]

해크니의 노숙자들은 이 화폐로 다른 상품이나 서비스를 살 수 있다. 스파이스 타임 크레딧은 이 지역의 소외된 사람들에게 필수품을 살 수 있는 방법을 제공해서 이 지역의 빈곤을 줄였다. 이 화폐의 신용은 긍정적인 서비스 행위로 뒷받침되기 때문에 초인플레이션을 일으키지도 않으며, 범죄와 위조 위험도 없다.

스파이스 타임 크레딧은 영국국립보건서비스(NHS)와 해크니 임상수행단(CCG)의 자금을 지원받아 만들어졌다. 스파이스는 사우스 웨일스에서 설립된 이후 사회적 기업으로 성장해 36개의 지역 화폐를 출시했고, 모든 사람들이 이용할 수 있는 의료 서비스를 제공하기 위해 노력하고 있다.

콜루

2014년 텔아비브에 설립된 콜루는 지역경제를 활성화할 수 있는 지역공동체 통화를 발행해 '지역경제의 면모를 바꾸기' 위한 목적으로 개발되었다. 콜루의 암호화폐 개념은 이해하기 쉽다. 첫째, 기업은 도시 안에 있는 공동체에서 국가의 법정통화와 연계된 도시 화폐를 발행한다.[18] 도시 화폐는 긍정적 행동에 대한 보상으로 제공하는 인센티브 제도를 기반으로 한다. 지자체와 협력해 지역사회에서 자원봉사를 하거나 디지털 화폐를 쓰는 등 적극적인 사회적 행동을 유도하자는 취지에서 나왔다.

콜루가 개발한 통화로 이스트 런던 파운드(ELP)를 들 수 있다. 스파이스 타임 크레딧과 마찬가지로 ELP도 해크니에서 출시되었지만, 스파이스보다 1년 늦은 2017년이었다. 콜루는 먼저 콜루 앱을 다운로드해야 사용할 수 있다. 앱을 다운로드하면 사용자는 이스트 런던 파운드 5개를 받는다. 최초 다운로드 후 ELP에 업로드된 1파운드당 비율은 1:1이다. ELP는 술집, 미용실, 서점, 자전거 가게 등에서 사용할 수 있다.

ELP의 장점은 중앙기관이 발행하는 법정통화처럼 강제성이 없다는 점이다. 지역사회에서 ELP를 지속적으로 사용하면 자치구 내에 자금이 유지되고 긍정적인 행동에 동기부여를 하는 등 영세 사업체의 성장에 큰 도움이 된다.

콜루는 도입 이후 런던 외에 하이파(Haifa), 리버풀(Liverpool) 등지로 더욱 확장해 나갔다. 콜루는 지금도 여전히 성장하고 있으며, 2018년 2월 현재 토큰 판매로 약 2,300만 달러를 조성했다.

방코르(Bancor)

방코르는 최근 케냐에서 블록체인 기반 통화를 출시했다.[19] 방코르는 자바와 통합된 비트퓨리(Bitfury)를 사용해 공용 네트워크에 프라이빗 체인 앵커링(private chain anchoring, 프라이빗 블록체인에 기록된 데이터의 해시값을 주기적으로 퍼블릭 블록체인 안에 포함시키는 것 - 옮긴이)을 허용한다. 방코르의 목표는 이 혁신적인 프로젝트를 통해 P2P 협업으로 빈곤을 퇴치하는 것이다.

방코르 네트워크를 통해 케냐의 소외된 공동체들은 암호화폐를 생성할 수 있다. 이 암호화폐들은 제3자 없이도 서로 교환할 수 있는 방식으로 균형을 유지하고 통합할 수 있다.

결과적으로 방코르 네트워크를 더 많이 사용할수록 시가총액이 더 높아져서 더 많은 부를 창출하고 사용자들에게 더 높은 구매력을 제공한다. 방코르는 또 지역 소비를 장려해 지역사회 내에서 부를 재순환시킨다.

세이블 코인(Sable Coin)

세이블 코인으로 알려진 암호화폐는 주로 흑인 지역사회를 돕는다.[20] 세이블 코인은 온라인상에서 누구나 이용할 수 있지만, 주로 전 세계 흑인들의 교환 매개체 역할을 한다. 이러한 분산형 생태계는 전 세계적으로 흑인 경제의 재건을 촉진하는 비영리 단체, 기업, 소비자들에게 자원을 제공한다.[21]

세이블 코인은 비영리 단체에 잔여 자원을 제공하는 활성 지갑을 이용하며, 경제적 안정을 추구하는 흑인 지역사회와 교류하기 위한 도구로도 활발히 사용되고 있다. 물론 흑인이 아닌 다른 소비자들도 활성 지갑을 사용해 서로 교환하고 거래할 수 있다. 게다가 세이블 코인은 직불카드(SAC 직불카드)도 있어, 170개국 이상에서 사용할 수 있다. 통화의 빠른 유동성이 혁신적인 디지털 경제를 구축하기 때문에 세이블 코인은 전 세계 흑인 사업자들의 서비스와 상품을 교환하는 데 매우 요긴하다.

긴테쓰(近鉄)의 하루카스 코인(Harukas Coin)

암호화폐는 지역사회의 소비를 늘리는 데 효과적인데, 긴테쓰의 하루카스 코인이 대표적이다.

하루카스 코인은 2017년 9월 일본에서 시범적으로 도입되었다. 85%의 사용자들은 이 실험을 시작하기 전에 암호화폐의 개념도

잘 몰랐지만 실험 이후에는 코인을 쉽게 사용할 수 있게 되었다.[22]

2018년 9월, 160만 명 이상의 사용자들을 대상으로 암호화폐를 쇼핑에 사용하는 2차 실험이 진행되었다. 긴테쓰는 '현금 없는 사회'를 만들겠다는 사명을 내걸고 2019년 초에는 하루카스 코인을 일반인들도 사용할 수 있을 것이라고 예상했다.

하루카스 코인이 아직 현금 없는 사회를 만든다는 목표를 이루지는 못했지만 피드백은 매우 긍정적이었다. 실험 참가자들은 토큰이 더 큰 규모로 확대 시행되기를 바란다고 밝혔다.

사토시 나카모토는 누구인가?

개인인지, 단체인지, 기관인지는 모르지만 비트코인을 개발한 사토시 나카모토는 여전히 신비에 둘러싸인 존재다. 그에 대해서는 알려진 바가 거의 없으며, 비트코인 백서를 공개한 뒤 사라진 것으로 전해진다.

비트코인의 총공급량이 2,100만 개로 한정되어 있다는 점을 감안하면, 나카모토의 보유량이 시장에 상당량 풀려서 대량 거래될 경우 가격에 영향을 미칠 가능성이 크다. 지난 수년 동안 나카모토의 실명과 신원을 밝히기 위한 시도가 많았지만 실패했다. 현재까지 그는 여전히 익명으로 남아 있다.

나카모토는 결국 비트코인이라는 자신의 화폐를 만든 셈이다. 그는 자신의 몫으로 특정 수의 비트코인만을 남겨두고 나머지는 공동체가 채굴할 수 있도록 허용했다. 공동체는 비트코인의 가치를 보장하기로 합의했고, 관리를 위한 보안 알고리즘을 도입했다.

비트코인을 만든 사람이 누구이든 간에 그는 분명히 여기서 제시하는 것과 똑같은 질문들을 던졌을 것이다. 정부가 왜 돈을 보장하는 주체가 되어야 하는가? 우리는 왜 정부에 의존하고 있는가? 우리의 목적을 달성하기 위해 왜 사회적 합의를 해체해서는 안 되는가?

비트코인 유동성 주입

2009년 1월, 나카모토는 비트코인 시스템에 유동성을 주입했다. 그는 블록체인의 기원으로 불리는 최초의 비트코인 50개를 채굴했다. 결과적으로 나카모토는 암호화폐라고 불리는 디지털 화폐를 생산하는 세계 최초의 디지털 조폐국을 만든 셈이다. 2021년 11월 현재, 나카모토가 채굴한 비트코인 50개의 가치는 무려 560억 달러다.[23]

블록체인 거래와 교환 활동을 지원하기 위해서는 분산형 플랫폼을 구축해야 한다. 암호화폐는 모든 교환에 대한 가치의 공동 척도 역할을 한다. 디지털 화폐는 세계 어디서나 사용할 수 있으며, 위치의 제한이 없는 위치 독립성(location independence)은 국제 거래를 촉진한다.

블록체인 거래는 전 세계 어디에서든 거의 즉각적으로 완료되며, 환율이나 국가별 은행 규제 같은 세부 사항은 전혀 고려할 필요 없다. 블록체인은 공급 체인의 각 단계가 분산원장에 입력되고 내용을 변경할 수 없기 때문에 사기꾼이 아닌 진짜 고객을 상대하고 있다는 것을 알 수 있다.

기업가들은 블록체인 기술을 사용해 자신들의 기술과 관련된 토큰, 즉 자신들의 암호화폐를 개발할 수 있다. 자신의 암호화폐를 개발한 기업은 암호화폐 공개(ICO)를 할 수 있는데, 주식 대신 암호화폐를 제공하는 것이다. 암호화폐를 개발한 기업가는 자신의 암호화폐를 투자자들에게 제공하고 회사를 발전시키기 위한 자금을 모을 수 있다.

이미 많은 중앙은행들이 암호화폐의 이런 가능성을 알고 있기 때문에 중국은 국가가 주도하는 디지털 화폐, 즉 디지털 위안화 개발을 추진하면서 퍼블릭 암호화폐와 프라이빗 암호화폐의 확산과 채택을 억제하고 있다.

에이콘 시티

그래미어워드 후보에 올랐던 가수 에이콘은 에이콘 시티의 꿈을 품었다. 새로운 암호화폐인 에이코인을 사용해 세네갈에 2,000에이커 규모의 도시를 개발하겠다는 것이었다. 에이코인은 스텔라 블록체인을 기반으로 만들어 에이콘 시티 건설을 위한 교환 매개물로 출시될 것이다. 토큰은 사용자들이 거래소를 거치지 않고 단 몇 분 만에 전화 통화량, 법정통화, 암호화폐를 교환할 수 있는 독점 기술인 아토믹 스왑(Atomic Swap)을 통해 받을 수 있다. 이 코인은 미국 달러에 연동되지 않으며, 증권형 토큰 발행(security token offering)도 아니다. 대신 에이코인은 디지털 자산금융 서비스 제공 업체인 델체인(Delchain)의 토큰 관리 유동성 서비스를 활용해 토큰의 가치, 변동성, 속도의 균형을 유지할 것이다.[24]

에이콘 시티는 2023년까지 완공될 예정이며, 2029년까지 에이코인을 독점적으로 운영하는 완전한 암호화폐 도시로 운영될 것이다. 이 도시는 법정통화 대신 암호화폐를 사용하는 첫 번째 도시가 될 것이라는 점에서 큰 의미가 있다. 더구나 에이콘 시티는 2020년 기준 GDP가 249억 1,000만 달러인 빈곤국 세네갈에 위치해 있다.[25] 에이콘 시티는 현재 국가 GDP의 약 25%에 해당하는 60억 달러의 자금을 확보한 상태다. 에이콘 시티가 언제 완공될지, 그리고 정말로 빈곤을 완화할 수 있을지 세계가 주목하고 있다.

브레튼우즈 협정

제2차세계대전이 한창인 1944년, 연합국들이 뉴햄프셔의 브레튼우즈(Bretton Woods)에서 회의를 열었다.[26] 이 회의에서 연합국들은 각국 중앙은행들이 자국 통화의 대(對)달러 환율을 고정하겠다는 브레튼우즈 협정이 체결되었다.[27] 그때까지 대부분의 국가들이 금본위제를 채택하고 있었기 때문에 대달러 환율은 매우 중요했다.[28]

금본위제는 한 국가의 통화가 금으로 교환되는 것을 보장하는 것이다. 브레튼우즈 협정에 따르면, 이제 각국 통화는 금 대신 달러로 교환될 수 있다. 미국이 세계 금의 75%를 보유하고 있었기 때문에 달러가 세계 기축통화로 선정되었다.[29]

브레튼우즈 협정의 주목적은 무역전쟁을 피하는 것이었다. 한 나라의 통화가 달러에 비해 약세를 보인다면, 중앙은행은 외환 시장에서 그 통화를 전부 구매할 것이다.[30] 이 협정에 의해 통화 시장이 안정되었다. 전 세계 대부분의 통화가 이제 달러라는 단일 표준 통화로 연결되었기 때문이다.

브레튼우즈 협정이 성공한 것은 국제통화기금(IMF)이 글로벌 중앙은행이 되는 것을 막았기 때문이다. 브레튼우즈 협정은 회원국들에게만 기여도에 비례해 돈을 빌려줄 수 있도록 IMF를 견제했다. 국제통화기금이 중앙은행처럼 화폐를 발행하거나 통화정책을 수립할 수는 없었다.

브레튼우즈 협정은 미국이 높은 인플레이션을 겪고 있던 1971년에야 끝났다. 리처드 닉슨 대통령은 금에 대한 달러의 가치를 떨어뜨리려고 시도했다. 그러나 각국이 달러를 금으로 대량 교환하려 하면서 그의 계획은 역효과를 낳았다. 결과적으로 닉슨 대통령이 미국에서 금본위제를 폐지하면서 브레튼우즈 협정은 종말을 맞았다. 그러나 달러는 세계 나머지 지역에서 여전히 준비통화의 지위를 잃지 않았다.

달러는 세계 기축통화의 지위를 계속 유지해 왔다. 2019년 4분기 전 세계 외환보유액의 60%가 달러였다. 두 번째로 많이 보유되고 있는 통화는 유로이지만 전 세계 외환보유액의 20%밖에 되지 않는다. 또 외환 거래의 약 90%는 달러로 지불되고 있다.

달러는 또 부채 발행에 가장 많이 사용되는 통화다. 전 세계적으로 발행된 모든 부채의 약 40%는 달러화 부채다. 일부 국가들은 달러화가 심각한 인플레이션을 겪으면 달러로 빚진 부채의 가치가 떨어질 것이라고 우려한다. 물론 미국이 더 많은 돈을 찍어내거나 적자 지출을 더 늘리기로 결정한다면 인플레이션이 일어날 수는 있다.

그러나 달러는 암호화폐와 연결할 수 있는 가장 확실한 법정통화이다. 따라서 이 책의 뒷부분에 제시된 새로운 암호화폐 플랫폼은 미국 달러에 직접 고정된 증권형 토큰 발행이 될 것이다.

5장
사회적 합의와
도덕의 기원

5장에서는 개인, 공동, 그리고 집단이 각각 의도하는 도덕의 기원을 연대기적이고 철학적으로 고찰하면서 보편주의와 도덕적 상대주의의 이원적 대립을 해소하기 위해 도덕 체계를 정의하는 가상의 객관적 접근 방식을 살펴볼 것이다. 그리고 도덕이 본질적으로는 일련의 사회적 계약이라는 점을 설명할 것이다.

또한 사회계약 구조의 토대가 되는 보답의 개념(가치 교환)과 단순계약(simple contract)에 대한 영미 관습법의 정의를 살펴볼 것이다. 철학자 토머스 홉스(Thomas Hobbes)의 개념들, 특히 '자연 상태'에 대한 그의 생각들, 그리고 그가 왜 가치의 교환을 규제하고 당사자 간의 신뢰의 부재를 정부가 중재해야 한다고 주장했는지 설명할 것이다.

마지막으로 공정한 가치 교환을 보장하려면 돈이 가장 객관적인 통화가 되어야 한다는 것을 보여주는 시나리오를 제시할 것이다. 여기에 제시된 상황에서는 남편과 아내 사이에 불화의 원천인 감정 노동이라는 개념을 활용한다.

"거래의 원칙은 개인 및 사회, 사적 및 공적, 영적 및 물질적 관계 등 모든 인간관계에서 합리적이고 윤리적인 유일한 원칙이다. 그것은 곧 정의의 원칙이다."

– 아인 랜드Ayn Rand[1]

돈의 기원

역사적 증거를 살펴보면 물물교환의 단점이 화폐의 발전에 촉매 역할을 했지만, 유일한 원인이나 가장 중요한 요소는 아니었다. 《돈의 역사 : 고대부터 오늘날까지(A History of Money: From Ancient Times to the Present Day)》의 저자 글린 데이비스(Glyn Davies)는 돈이 생겨난 주된 이유는 비경제적인 요인들이라고 말한다.[2]

예를 들어 돈은 정부가 백성들에게 세금을 부과하고 거둬들이기 위해 사용되었다. 게다가 십일조 같은 종교적 의무도 공물을 바치거나 어떤 형태로든 희생을 요구했다. 결국 이런 필요성들을 종합해 보면 돈은 뿌리 깊은 사회적, 종교적, 정치적 관습 행위를 쉽게 하기 위해 생겨났다.

사회적 합의로서 도덕성

사회적 합의의 바탕을 이해하기 위해 우선 영미 관습법을 참고해 보자. 영미 관습법에 의하면 당사자 간에 단순계약이 체결되려면 일반적으로 합의를 이행한다는 쌍방의 동의, 배려, 의도가 있어야 한다. 또 단순계약은 구두로도 할 수 있다는 점을 유념하라.[3]

배려는 영국 관습법의 개념이자 단순계약의 필수 조건으로서 '권리, 이해관계, 이익, 수혜, 관용, 손해, 손실 또는 책임 등'으로 정의된다.[4] 배려는 본질적으로 어느 한 당사자가 다른 당사자에게 받은 가치 있는 어떤 것의 대가로 가치 있는 다른 것을 준다는 약속이다. 여기서 '가치 있는 것'이란 일반적으로 상품, 돈 또는 서비스다. 미국 등 다른 국가들도 관습법의 이 개념을 인정한다.

도덕의 사회적 측면은 개인이 세상을 해석하고 목표를 추구하는 철학적 개념이다. 도덕은 특정 사회에서 당사자 간의 관계를 지배한다. 그것은 상호 합의된 목표를 완수하는데, 다시 말해 순가치를 획득하는 데 필요한 계약 조건을 결정한다.

그러므로 도덕적 거래는 단순계약이다. 이 계약서에는 계약 조건, 즉 가치의 교환과 관련된 각 당사자의 권리와 의무가 자세히 설명되어 있다. 그러나 거래 관계라고 해서 공평하다는 의미는 아니다.

개인 지향성(individual intentionality)

집단의 구성원들은 공정성, 형평성, 그리고 정의를 실현하기 위한 규범을 제정함으로써 모두에게 이익이 되는 수단을 모색한다. 이런 규범들은 인간이 서로 협력하기 시작하면서 수십만 년에 걸쳐 진화해 왔다. 하지만 자원이 부족한 상황에서 인간은 자원을 획득하기 위해 서로 경쟁한다. 토머스 홉스는 이런 경쟁 상태를 '자연적 상태'라고 정의했다.[5]

공동 지향성(joint intentionality)

시간이 흐르면서 집단 내에 상호 의존성 또는 합리적 이기주의라는 새로운 논리가 생겨났다. 이런 공동 지향성은 개인의 이기심과 극명하게 대비된다. 모든 당사자들에게 이익이 되어야 한다는 공동 지향성을 통해 약식 교환 시스템인 물물교환이 등장했다.

사람들 간의 협력이 성공하느냐는 전적으로 서로 간의 신뢰에 달려 있다. 계약 당사자들이 의무를 잘 이행하고, 서로의 권리를 존중함으로써 서로를 얼마나 신뢰하고 의존하느냐이다. 한 사회의 평화는 다른 사람의 재산권을 얼마나 존중하고 신뢰할 수 있느냐에 달려 있기도 하다.

집단 지향성(collective intentionality)

인간 사회는 마침내 일련의 공유된 가치, 의무, 계율을 발전시켰다. 집단 구성원들은 공정성, 형평성, 정의를 실현하기 위한 규범을 제정함으로써 모두에게 이익이 되는 수단을 모색했다. 사회 구성원들은 이런 집단 지향성을 집단의 옳고 그름을 규명하는 '객관적 도덕성'으로 제도화했다.

사회교환이론(Social Exchange Theory)

사회교환이론은 2명 이상의 관계가 비용 편익을 통해 생성된다는 개념으로, 우리가 왜 신뢰와 호혜를 구축해야 하는지를 설명한다.

모든 관계는 거래이며 일방적으로 이루어질 수도 있다. 거래에서 교환되는 가치는 1차 상품(primary commodity, 가공하지 않고 원료 형태로 사고파는 농수산물, 광산물 등의 생산물 - 옮긴이)이다. 오늘날 많은 관계에서의 문제는 계약 조건이 모호하거나 존재하지 않거나 추정된다는 것이다. 계약이 모호하면 불신이 관계를 갉아먹는다.[6]

공정한 거래

물물교환의 단점 중 하나는 표준 측정 단위가 없다는 것이다. 합의된 표준 단위 없이 각 당사자들이 어떻게 공정한 교환을 보장한단 말인가? 이런 딜레마에서 도덕적 거래를 위해 객관적인 통화인 화폐가 나타났다.

화폐의 중요한 문제는 객관적 교환 가치를 어떻게 결정하느냐 하는 것이다. 이것이 모든 논의의 출발점이다. 화폐에 관한 모든 논의의 핵심은 오직 객관적인 교환 가치이며, 그것이 바로 화폐가 물물교환이 되는 상품과 차별화되는 독특한 특성이다.

모든 관계는 거래이며 당사자 간 가치 교환을 수반한다. 1차 상품이 가치를 측정할 수 있는 객관적인 기준이 되기에는 부족했기 때문에 교환의 매개체를 언급했던 것이다.

6장
사회적 합의로서
돈의 의미

6장에서는 사회적 합의에 대해 간략하게 논의할 것이다. 사회적 합의를 구축하는 방안을 제안하고, 그런 합의가 어떻게 이루어지는지 몇 가지 이론을 소개한다. 그리고 법정통화가 어떻게 사회계약의 이행인지를 설명한다. 또 사회적 합의로서 법정통화가 어떻게 해체되고 비트코인이라는 인기 암호화폐가 만들어졌는지를 보여준다.

중앙은행은 돈을 찍어내고 그것을 경제에 어떻게 공급할 것인지를 관리하는 데 중요한 역할을 한다. 이 장에서는 그런 은행 시스템이 부분지급준비제도(fractional reserve banking, 은행이 모든 출금 청구를 한 번에 상환할 수 있는 지급준비금을 그대로 유지하지 않고 예금의 일부를 대출하여 수익을 올리는 제도 - 옮긴이)를 이용해 어떻게 '무에서 돈을 만들어내는지'를 알아본다.

사회적 합의론(Social constructionism)은 사회학과 커뮤니케이션 이론으로, 전 세계의 실체와 사건에 대해 사회적, 공동적으로 합의된 정의와 이해의 발전을 연구하는 이론이다. 사회적 현실은 개인의 마음속에서 전개되는 주관적 현실과 구별된다. 사회 구성원들은 어떤 생각에 대해 합의하고, 그에 대한 자신의 개념, 의미, 중요성을 언어로 표현한다. 따라서 사회적 합의는 자연적이고, 객관적이며, 절대적인 것으로 널리 받아들여진다.

이 장에서는 사회적 합의와 사회적 합의로서 돈에 대한 개념을 탐구할 것이다. 그 일환으로, 돈이 어떻게 사회적 합의로 발전했는지, 그리고 궁극적으로 어떻게 제도화되었는지에 대한 이론을 소개한다.

정부와 은행이 부분지급준비제도라는 사회적 합의로서 돈을 어떻게 남용하는지 다룰 것이다. 이어서 비트코인의 개발 스토리와 비트코인이 어떻게 법정통화를 해체한 최초의 암호화폐 역할을 했는지를 알아본다.

사회적 합의

사회적 합의는 사람들의 일치된 의견에 의해 형성된다.[1] 사회나 단순계약의 당사자들은 이러한 정의, 의미, 가치에 전적으로 동의한다. 사회적 합의는 객관적인 현실이므로, '사회적 현실(social reality)'과 같은 의미다. 권리, 도덕, 정서, 화폐 등과 같은 사회적 합의는 인류 문명의 원활한 운영에 매우 중요하다.

권리, 정서, 도덕은 우리가 동의한 사회적 합의일 뿐이다. 또 사랑, 돈, 예술도 우리가 의미를 부여한 가치일 뿐이다. 우리는 이러한 합의가 객관적으로 가치 있다고 확신한다.

신경과학자 리사 펠드먼 배럿(Lisa Feldman Barrett)은 사회적 합의가 이루어지는 과정에는 집단 지향성과 단어(개념 정의)라는 2가지 주된 요소가 있다고 한다. "사람들은 무언가를 만들면 거기에 이름을 붙이고 그에 대한 자신의 개념을 설정한다. 그러고는 자신의 개념을 다른 사람들에게 가르치고, 그들이 동의하면 비로소 진짜 어떤 실체를 창조한다."[2]

언어는 사회적 합의를 구축하는 데 반드시 필요하다. 언어는 개념을 정의하는 역할을 한다. 단어는 집단 내에서 공유된 개념을 전달하는 가장 효율적인 방법이다. 단어는 개념을 나타내고, 개념은 사회적 합의의 자연스러운 도구다.[3]

계약에서는 당사자들이 계약의 정의(개념), 의미, 그리고 그 가치에 가장 먼저 동의한다. 이 요소들이 모여서 집단지향성을 만들어낸다.

화폐도 사회적 합의다. 화폐임을 나타내는 지폐나 동전에 대해서는 논쟁의 여지가 없지만, 정의와 의미, 가치는 오직 사회적 협의가 있어야만 한다. 사람들이 지폐나 동전이 무엇을 의미하고 무엇에 사용될 수 있는지에 동의하지 않는 한, 지폐는 단지 종이일 뿐이고 동전은 단지 둥그런 쇳조각일 뿐이다.[4]

배럿은 "한 집단의 사람들이 죽은 위인의 얼굴이 인쇄된 직사각형 모양의 종이, 둥근 쇳조각, 조개껍데기, 보리 등을 돈으로 분류했고, 다른 사람들이 그에 동의하면서 그것들이 돈이 되었다."라고 했다.[5]

사회적 계약의 구조

단순 사회적 계약 또한 모든 당사자가 동의하는 정의, 의미, 가치로 구성된다. 이보다 복잡한 사회적 계약에는 내용을 실행하고 보증하고 뒷받침하거나 신뢰할 수 있는 중개자에게 규제를 위임하는 당국(권력을 가진 자)이 추가적으로 포함된다. 98쪽 그림 6-1은 예술, 비트코인, 디자이너 브랜드가 어떻게 가치 있는 실체로 인정되는지를 보여준다.

법정통화

법정통화는 중앙은행 등 감독 당국이 규제하는 정부 지원 통화를 말한다. 법정통화가 항상 금과 같은 물리적 상품에 의해 뒷받침되

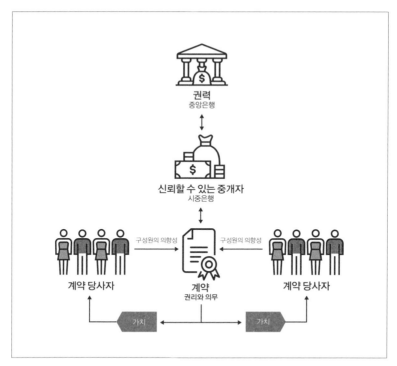

권력
중앙은행

신뢰할 수 있는 중개자
시중은행

구성원의 의향성   구성원의 의향성

계약 당사자

계약
권리와 의무

계약 당사자

가치   가치

그림 6-1 사회적 계약의 구조

는 것은 아니지만, 정부가 그 법정통화를 발행한다는 널리 인식된 신용도에 의해 뒷받침된다.

표준화된 금화와 약속어음은 그 자체로 가치와 구매력을 가지고 있다. 반면 법정통화는 가치를 살 수 있는 힘이나 능력만을 가지고 있을 뿐이다. 이 힘은 전적으로 법정통화를 규제하고 가치를 보장하는 정부의 권력에 달려 있다.

법정통화는 국민이 정부에게 화폐의 공급과 가치 등 중요한 기능을 관리할 수 있는 권한을 부여한 사회적 계약의 결과물이다. 금본위제가 없더라도 돈의 가치는 신뢰에 기초한다. 사람들은 중앙은행이 만든 돈을 신뢰할 수 있는 매개체로 사용한다. 정부의 권력이 그 가치를 보장하기 때문이다.[6] 돈에 대한 신뢰는 본질적으로 그 가치를 보장하는 정부에 대한 신뢰이다. 미국 달러 역시 미국 정부에 대한 '전적인 믿음과 신용'에 의해 뒷받침된다.[7]

미국 경제교육재단(Foundation for Economic Education)의 콘텐츠 책임자를 지낸 제프리 A. 터커(Jeffrey A. Tucker)는 《톰 버즈아이 시리즈 : 터커편(The Tom Birdseye Collection Volume Two: Tucker)》에서 다음과 같이 쓰고 있다.

> 은행 시스템은 1세기가 넘는 동안 국가에 자금을 지원하면서 경제를 불안정하게 하고, 개인의 저축을 약탈하고, 은행에 접근하지 못하는 사람들을 배제하고, 사람들이 재정적으로 의존하게 하고, 전례 없는 규모로 폭력을 가했다. 은행들이 그렇게 할 수 있었던 것은 전적으로 우리가 가치를 교환하는 수단으로 법정통화 이외에 다른 기술이 없었기 때문이다. 그러나 법정통화의 가치 교환 독점은 이제 붕괴되고 있다. 진정으로 건전한 돈이 탄생했기 때문이다. 이제 지배층의 공포가 시작되었다.[8]

크리스틴 라가르드 국제통화기금(IMF) 전 총재(현재 유럽중앙은행ECB 총재 - 옮긴이)는 2017년 9월 영국 중앙은행 회의에서 암호화폐는 단순한 유행이 아니라 진정한 화폐 혁신이라고 지적했다. 라가르드는 암호화폐가 금융 중개 및 중앙은행의 미래에 지대한 영향을 미칠 것이라고 강조했다. 기존 은행의 전반적인 신용 체계는 정부가 돈을 찍어내고 공급을 통제하고 은행 시스템을 통해 그 돈에 법정통화라는 공식 자격을 부여하는 것을 전제로 한다.[9]

부분지급준비제도의 전형적인 작동 방식과 중앙은행의 일차적 역할이 암호화폐 경제에서는 완전히 적용될 수 없기 때문에 부분지급준비제도를 근거로 하는 중앙은행이 필요 없다. 암호화폐를 기반으로 하는 저축 기관들이 대출에 필요한 규모의 경제를 창출할 것이다. 이런 맥락에서 마스터카드(Mastercard) 같은 기존 금융기관이 블록체인 자산의 부분지급준비 관리에 대한 특허를 출원하고 있다는 점은 매우 흥미로운 일이다.[10]

돈은 단지 가치를 부여하는 정부 도장이 찍힌 종이일 뿐이다. 법정통화의 가치를 통제하는 것은 중앙은행이다. 오늘날의 법정통화는 본질적으로 객관적인 가치가 있는 게 아니라 단지 컴퓨터에서 계산으로만 존재하는 디지털 숫자일 뿐이다.

법정통화는 권력을 가진 정부와 신뢰할 수 있는 중개자인 중앙은행의 사회적 계약이다. 사회적 계약으로서 비트코인을 보면 정부는 비트코인 프로토콜이라는 규제 기반으로 대체되고, 신뢰할 수 있는 중개자 자리에 비트코인 채굴자가 들어선다. 비트코인의 경우에 당사자 간 합의가 소프트웨어 기반 합의 알고리즘으로 구현되고 있음을 주목하라.

사회적 합의의 또 다른 예는 디자이너 상품이다. 명품 브랜드

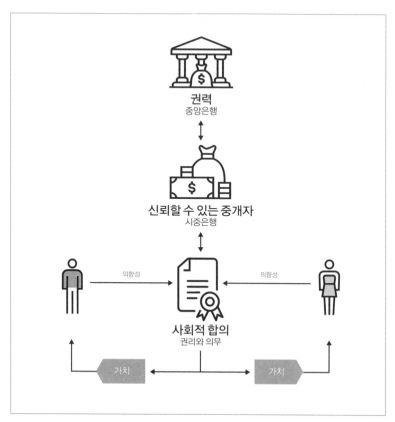

그림 6-2 사회적 계약으로서 법정통화

샤넬이 인플루언서(주로 연예인들)를 통해 어떻게 소비자들에게 가방의 가치를 심어주는지 생각해 보라. 그들은 가방과 함께 수반되는 작은 진품 증명서를 만드는 데 정말 많은 돈을 쓰고 있다. 그 진품 증명서가 6,000달러짜리 오리지널 제품과 300달러짜리 모조품을 구분하는 유일한 방법이기 때문이다. 이 가방을 사서 수천 달러의 현금을 넣고 다니는 바보 같은 소비자들도 있겠지만, 아마도 그들에게 그 가

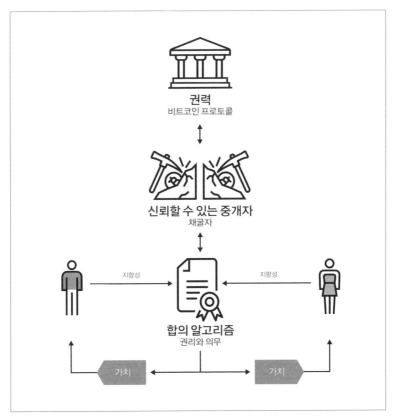

그림 6-3 사회적 계약으로서 비트코인

방은 사회적으로 합의된 가장 비싼 자산일 것이다.

　이 계약에서는 샤넬이 규제 권력의 한 부분을 담당한다. 샤넬은 연예인과 인플루언서들을 신뢰할 수 있는 중개자로 내세워 그들에게 상품의 의미와 가치를 관리하는 역할을 효과적으로 위임한다. 우리도 이러한 구조를 만드는 데 직접적인 역할을 할 뿐 아니라, 그들의 영향을 받아 그들이 이끄는 방향대로 교환하고 있다.

비트코인

조폐국을 소유했던 왕들이 어떻게 화폐가치의 하락을 통해 인플레이션을 일으켰는지 나중에 살펴볼 것이다. 역사를 보면, 정부는 권력을 이용해 특정 집단 사람들의 계좌를 압수하고 종종 그들의 거래를 금지해 왔다. 심지어 과도한 통화 공급으로 초인플레이션을 야기한 정부도 있다.

사토시 나카모토가 비트코인을 발명한 것은 법정통화라는 사회적 합의를 효과적으로 해체하는 혁신적인 변화였다. 그는 블록체인 기술을 활용해서 기존의 중앙은행을 대신해 규제 감독 역할을 하는 권력으로 일종의 비영리 블록체인 재단을 설립함으로써 정부의 필요성을 없애버렸다.[11]

이 재단은 소프트웨어 기반의 비트코인 프로토콜을 따르는 '권력을 갖지 않는 상품 공급자'인 비트코인 채굴자들에게 안전의 역할을 위임한다. 이 구조의 당사자인 비트코인 사용자들로 구성된 사회가 동의한 합의 알고리즘이 비트코인 프로토콜의 규칙을 결정한다. 정부의 신뢰는 프로토콜의 신뢰로 대체되며, 이 프로토콜이 사회의 주도층들이 설정해 놓은 합의 알고리즘을 실행한다.

나카모토는 비트코인 프로토콜을 통해 인플레이션, 화폐 위조, 검열 저항 등 정부의 통제로 인한 문제들을 일거에 해결했다.[12] 법정통화와 마찬가지로 비트코인 토큰 자체는 가치가 없다. 사실 비트코인은 원장상의 숫자에 지나지 않는다.

7장
가치의 교환 :
거래의 역사

7장에서는 가치, 즉 재화와 용역을 교환하는 새로운 거래 메커니즘으로 어떻게 물물교환이 등장했는지를 설명한다. 돈은 물물교환 문화에서 비롯되었지만, 사람들이 생각하는 것처럼 경제적인 이유 때문만은 아니었다. 그러나 물물교환의 단점으로 인해 가치 교환을 위한 표준 측정 단위로서 돈이 필요했다.

이 장에서는 표준 동전, 은행권(지폐), 법정통화, 그리고 오늘날의 암호화폐까지 돈의 역사를 추적해 본다. 또한 돈의 기원은 사회문화적인 힘과 때로는 종교적인 힘에 의해 발현되어 왔음을 살펴볼 것이다. 이어서 물물교환이 어떻게 블록체인 기술로 발전했는지를 보여주는 몇 가지 사례를 제시한다.

중앙은행이 경솔하게 돈을 찍어내 부유한 은행가들의 배만 불린다는 논쟁적이고 양극화적인 생각을 더 깊이 고찰하면서 마지막으로 법정통화와 암호화폐의 장단점을 비교해 본다.

돈은 사회적 합의의 산물이다. 오늘날 법정통화에 대한 신뢰는 본질적으로 그것을 지지하고 보장하는 정부에 대한 신뢰다. 그런데 오늘날의 정부는 너무 많은 양의 돈을 만들어내고, 그 돈들이 부유한 은행가들의 수중에서 순환되고 있다. 결과적으로 이 은행가들은 부분지급준비제도라는 시스템을 이용해 더 많은 부를 창출한다.

거래와 물물교환의 역사

거래는 경제의 기초를 이룬다. 역사학자들은 물물교환이 기원전 6000년부터 시작되었다고 주장한다.[1] 마을 사람들과 상인들은 소금, 설탕, 곡물, 소, 무기, 직물 등 다양한 상품들을 교환했다. 그리고 이런 물물교환은 마침내 서비스 교환으로 진화했다.

지역사회는 통화 붕괴, 위기, 기근이 일어나는 동안에도 물물교환으로 상품과 서비스를 계속 거래해 왔다. 물물교환은 17~18세기의 식민지 시대, 대공황, 그리고 1980년대의 불경기에 인기를 얻었다.[2] 사람들은 덴버실업자시민연맹(Unemployed Citizens League of Denver, 회원 수 3만 4,000명)과 국가발전협의회(National Development Association) 등과 같은 물물교환 단체들을 조직했다.[3] 국제상호무역협회(International Reciprocal Trade Association)는 2011년에 전 세계적으로 40만 개가 넘는 회사들이 물물교환 방식으로 더 이상 필요 없는 자산을 처분해 120억 달러를 벌어들였다고 보고했다.[4]

물물교환의 주요 장점은 유연성이다. 교환 매개체인 돈에 의존할 필요 없으며, 당사자는 단지 이미 보유하고 있는 상품과 서비스를 필요한 것과 맞바꿀 수 있다.[5]

그러나 물물교환 시스템에는 몇 가지 단점이 있다. 첫째, 거래가 성사되기 위해서는 당사자 간의 신뢰가 필요하다. 따라서 이해관계가 충돌할 경우 합의 사항을 이행하도록 강제하거나 중재할 신뢰할 수 있는 규제 당국이나 중개자가 필요하다. 물물교환의 또 다른 단점으로는 표준 측정 단위가 없다는 점, 교환하려는 재화와 서비스를 분할할 수 없다는 점, 저장이 제한된다는 점, 그리고 대금 후불이 어렵다는 점 등이다.[6]

그런데도 물물교환은 달러 같은 태환 통화의 부족 때문에 전 세계적으로 증가하고 있다. 1973년만 해도 물물교환을 하는 나라가 15개국에 불과했지만, 현재는 88개국이 정기적으로 물물교환에 참여하고 있다. 애널리스트들은 오늘날 세계 무역의 최대 30%는 물물교환으로 이루어지고 있다고 추정한다.[7] 그러나 물물교환의 공통 기준과 메커니즘이 개발되지 않은 것은 교역량을 빠르게 늘릴 수 없기 때문이다.

블록체인 물물교환

블록체인은 거래를 지원하고 전통적인 물물교환의 단점들을 해결하기 위해 분산형 플랫폼을 만든다. 암호화폐는 모든 물물교환에 공동으로 적용할 수 있는 가치 척도의 역할을 할 수 있다. 디지털 화폐는 세계 어디서나 사용할 수 있으며, 위치에 관계없이 사용할 수 있기 때문에 국제거래를 더욱 촉진한다.[8]

캐나다의 번즈(Bunz)는 2018년에 이미 구축되어 있던 커뮤니티 회원들을 바탕으로 최초의 온라인 물물교환 플랫폼을 시작했다. 이 플랫폼은 모든 상품과 서비스의 교환이나 회원 간 거래에 자체 암호화폐인 BTZ('빗츠'라고 발음한다)를 사용한다. 이 플랫폼의 사용자는 약 20만 명이며, BTZ는 토론토, 오타와, 몬트리올, 밴쿠버에 있는 수백 개의 지역 소매점에서 현금 대신 사용할 수 있다.[9]

통화의 목적

추상적인 개념으로서 통화라는 아이디어는 물물교환의 가치를 획득하고 교환할 수 있는 매개체로서 힘(권리)이 필요했기 때문에 등장했다.

통화는 상품과 서비스의 가치를 측정하는 후불의 표준을 만들기 위해 생겨났다. 화폐는 귀금속과 같은 표준화된 동전(동시에 가치를 저장하고 가치를 구매하기 위한 물건)에서 정부 당국이 통제하고 가치를 보장하는 권리(법정통화)로 변형되었다. 그리고 마침내 은행 같은 신뢰할 수 있는 중개자가 생겨났다. 이와 동시에 정부 당국은 돈의 발행과 통화정책을 관리하는 한편, 은행 서비스를 이용하는 시민의 자산을 보호할 책임을 면제하는 특권(부분지급준비제도)을 은행들에게 제공했다.

화폐의 발전

고대의 문학적, 언어학적 증거와 많은 나라의 원시 화폐에 대한 연구를 보면, 물물교환의 불편함과 단점이 화폐의 발전을 자극하긴 했지만, 그것이 중요한 요인은 아니었다. 화폐가 발달한 주요 요인이 물물교환의 단점 때문은 아니라는 것이다.

글린 데이비스는《돈의 역사:고대부터 오늘날까지》에서 "돈은 주로 거래 수단뿐만 아니라 조공, 물물교환, 유족 보상금이나 신부 지참금, 상거래, 종교 의례, 경제인들 사이의 평범한 지불수단, 과시적인 장식물 등과 같이 주로 비경제적인 요인에서 비롯되었다."고 말했다.[10]

동전, 물물교환의 가장 일반적인 형태

사람들이 표준화된 동전을 사용하는 데 익숙해지면서 정부 당국은 동전을 정식 화폐로 인증했다. 중세에 이르러서는 동전이 일반적인 지불수단이 되었다. 동전의 편리함 때문에 실제로는 동전에 들어간 금속 함량의 가치보다 더 높은 가치를 지니게 되었다. 왕들은 동전 발행으로 더 큰 이익을 거뒀다. 그래서 돈을 주조하는 조폐국을 소유한 왕들은 동전을 발행하는 것뿐만 아니라, 동전에 들어가는 귀금속의 양을 조작해 이익을 늘리려고 했다(이를 개주recoinage라고 한다).[11]

기존의 동전은 이익을 극대화하기 위해 항상 재활용되었다. 당국은 이전에 발행된 동전들과 경쟁을 막기 위해 대중들이 쉽게 받아들이면서도 이전 동전과 식별할 수 있도록 새 동전을 만들어야 했다. 동전은 마모나 손상되지 않더라도 훨씬 더 자주 재활용되었다. 이러한 시뇨리지(seigniorage, 화폐 주조 차익, 정부가 발행한 화폐의 실질 가치에서 발행 비용을 제한 차익 - 옮긴이)는 영국의 군주들이 세금으로 거둬들이는 세입을 보충하는 훌륭한 추가 수익원이었다.[12] 그러나 이런 관행이 빈번해지면서 화폐가치를 떨어뜨리고, 결국 인플레이션을 야기했다. 마침내 액면가가 함유된 귀금속만큼 가치를 갖는 표준 화폐(동전)에서 액면가가 함유된 귀금속보다 더 큰 가치를 갖는 토큰(주화)으로 전환되었다.[13]

동전의 귀금속 함량에 대한 신뢰가 떨어지자 화폐 주조로 인한 수입은 동전에 대한 사람들의 신뢰, 즉 동전에 들어 있는 귀금속의 함량에 따라 달라졌다. 따라서 화폐 식별에 정교한 시스템이 도입되었는데, "상인, 무역업자, 세금 징수원, 국왕, 왕실 재무부, 보안관 등 은화와 금화를 취급하는 사람들은 화폐로 인정받을 만한 귀금속의 순도를 검사하기 위해 믿을 만한 장치가 필요했다."고 한다. 위조범들의 도전에도 불구하고 시중에 상업은행들이 생기고 지폐가 광범위하게 도입되면서 동전의 독점이 깨진 후에야 비로소 정부는 동전

생산과 화폐 공급을 통제할 수 있었다.

지폐

로마 시대에는 이미 표준화된 동전이 사용되기 시작했고, 다양한 액면가의 공식 동전이 주조되었다. 동전은 구매를 위한 표준 도구가 되었고, 다음 세기까지 물물교환 대신 각종 구매에 널리 사용되었다. 최초로 주조된 동전에는 포효하는 사자의 모습이 새겨져 있다.[15]

시간이 지남에 따라 동전의 가치를 동전에 함유된 귀금속의 가치로 보는 것에서 사회적 합의에 의해 가치를 평가하는 대전환이 이루어지면서 지폐가 등장했다. 중국에서는 서기 600년경에 지폐가 도입되었다.[16]

서유럽에서는 12세기 십자군전쟁 중에 큰 금액의 돈을 송금하기 위해 환어음 형태의 이행각서가 사용되었는데, 이 과정에서 성전기사단이 은행의 역할을 하기도 했다.[17]

1642년부터 1651년까지 영국 내전 중에는 금 세공사의 금고가 보석, 귀금속, 동전 같은 귀중한 자산을 보관하는 안전한 장소 역할을 했다. 이런 자산의 소유자들은 금 세공사로부터 영수증을 받았고, 나중에 금 세공사로부터 자산을 인출하거나 사람들에게 자신의 지불 능력을 증명하는 증거로 사용했다.[18] 영수증은 실질 가치의 저장고 역할을 했고, 나아가 화폐로서 신뢰받았다. 마침내 1660년경에 이 영수증들이 지폐로 발전했다. 영수증 소유자들이 금 세공사에게 다른 고객에게 돈을 지불하라고 지시를 내리던 관행이 은행 수표

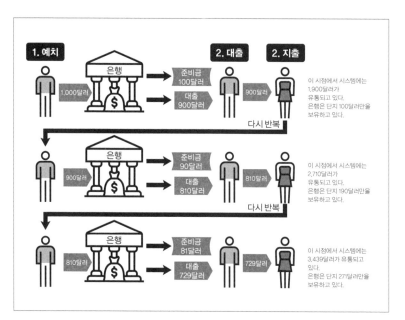

그림 7-1 은행의 부분지급준비제도 흐름

의 기초가 되었다.

　금 세공사들은 소유자들이 맡긴 금의 일부만 남겨놓고 나머지를 다른 사람에게 빌려주기 시작했는데, 이것이 부분지급준비제도의 시작이었다. 모든 소유자들이 동시에 금 세공사에게 맡긴 금을 인출해 달라고 요구하면 금 세공사는 지불을 감당할 수 없을 것이다. 그럴 경우 소유자들이 갖고 있는 영수증은 더 이상 그들이 맡긴 금만큼의 가치를 갖지 못하고 단지 금 세공사가 지불할 수 있는 만큼의 가치만 갖게 된다.

　지폐는 표준화된 동전과는 달리 본질적인 가치가 없지만, 처음에는 대개 은이나 금과 같은 귀금속의 가치를 나타내는 '명목 가치'

가 표시되었다. 영국에서 지폐는 처음에는 은으로 뒷받침되었지만, 1816년에 금본위제가 등장했다.[19]

그러나 지폐의 인기가 너무 높아지면서 당국은 발행을 규제하기 시작했다. 미국에서는 연방정부와 몇 개의 특정 주들, 그리고 심지어 벤저민 프랭클린 같은 개인까지도 아무것도 뒷받침되지 않은 법정통화를 자유롭게 인쇄했다.[20]

법정통화의 권위는 전적으로 정부의 가치 보장 능력에 달려 있었다. 법정통화에 대한 신뢰는 사실상 공급을 통제하고 가치를 보장하는 정부에 대한 믿음, 즉 국가의 안정성과 경제적 힘을 의미했다.

세계적인 인플레이션이 닥치자 미국은 1973년에 금과의 연결 고리를 포기했다.[21] 영국 은행권에는 영국 중앙은행의 수석 출납원이 서명한 다음과 같은 선언서가 새겨져 있다. "나는 본 은행권의 소지자가 요구하면 5파운드의 금액을 지불할 것을 약속한다."[22] 영국과 다른 많은 나라에서 은행권은 돈에 대한 청구권이었다. 하지만 미국의 연방준비은행 부총재를 역임한 존 엑스터(John Exter)에 따르면, 달러는 "나는 당신에게 갚아야 할 게 없다(I.O.U. Nothing)."라는 개념으로 인식되었다.[23] 물론 화폐를 둘러싼 전체 시스템은 미국의 안정과 경제력에 대한 신뢰, 재무부의 현금 마련 능력에 기초한다. 우리 모두가 동시에 저축과 당좌예금을 현금으로 찾기로 결정한다면 전체 시스템은 무너질 것이고 모든 은행들은 파산할 것이다.[24]

금본위제가 사라진 상황에서 돈은 주로 믿음의 문제다. 그런데 과연 무엇에 대한, 그리고 누구에 대한 믿음인가? 사회가 시중은행들이 부분지급준비제도를 통해 조성한 준비금을 신뢰하는 가장 주된 이유는 중앙은행이 발행한 돈으로 일대일 교환이 가능하기 때문이다. 정부는 대개 통화의 가치를 보장하지만 여기에도 한도가 있다. 미국에서 25만 달러, 유로존에서 1,000유로, 그리고 영국에서 7만 5,000파운드다.

유동성 주입

미국의 중앙은행인 연방준비제도는 아마도 세계에서 가장 영향력 있는 경제 기관일 것이다.

미국 재무부가 100억 달러의 지폐를 새로 찍어낸다는 시나리오를 생각해 보자. 연방준비제도는 주요 은행들에게 100억 달러를 제공하면서 900억 달러의 새로운 잔고가 생긴다는 사실을 염두에 두고 있을 것이다. 결과적으로 미국 경제에 1,000억 달러의 통화가 주입되는 것이지만, 이것은 실제 통화 창출의 아주 작은 비율에 불과하다.

실제 통화 창출은 은행들이 더 넓은 경제에 새로운 잔액을 빌려주는 이른바 부분지급준비제도라는 시스템을 통해 이루어진다. 이 제도하에서 은행들은 법적으로 의무화된 지급준비율 3~10%를 유지해야 하지만, 훨씬 더 많은 금액을 대출해 줄 수 있다. 처음 1,000억 달러의 준비금은 명목 금액으로 1조 달러의 통화를 창출할 수 있다. 신용 시장은 본질적으로 화폐 유통의 깔때기가 되기 때문이다.

2020년 3월 연방준비제도는 모든 예금기관의 지급준비율을 0%로 낮출 것이라고 발표했다. 코로나19 대유행으로 금융기관의

자체 운영이나 고객 서비스에 많은 영향을 미치고 있다는 판단에서 나온 것이다.[25]

지급준비율이 0%가 되면서 창출되는 돈의 약 97%는 시중은행들이 대출을 연장할 때 생긴다. '은행이 돈을 만든다'는 말은 현대 정치와 경제에서 늘 의견이 분분하고 뜨거운 논쟁이 벌어지는 주제이며, 대중의 분노를 불러일으키기도 한다.[26] 이것은 돈의 창출 과정에서 은행의 역할이 잘못 구현된 것이라고 주장하는 분석가들도 있다. 은행은 주택을 구입할 때처럼 구매자와 판매자 사이의 중개자 역할을 하기도 한다.

오늘날 돈은 현금보다는 주로 온라인 장부의 전자 비트와 바이트 형태로, 그리고 신용카드, ATM 등을 통한 거래에서 존재한다. 최초의 신용카드가 도입된 것은 1946년이지만, 1990년대 이후에는 다양한 형태의 전자화폐에 대한 관심이 꾸준히 증가하고 있다.[27]

어떤 면에서 전자화폐는 19세기에 전신이 널리 채택된 결과로 발생한 전신 송금이 진화한 것이라고 할 수 있다.

암호화폐란 무엇인가?

암호화폐는 블록체인과 암호화 기술을 활용해 거래를 안전하게 처리하고 검증하는 디지털 화폐다. 암호화폐는 국제적 거래의 매개체로 사용될 수 있으며, 중앙은행이나 정부 당국이 통제하지 않는다는 점에서 법정화폐와 다르다. 그러나 암호화폐는 특정 조건이 충족되지 않으면 누구도 조작할 수 없는 고유한 블록체인 데이터베이스에 안전하게 보관된다.

암호화폐의 장점

누구나 암호화폐를 구할 수 있다. 현재의 절차가 기술적으로 조금 복잡해 보일 수 있지만, 온라인 전송을 통해 전 세계 사람들 누구나 암호화폐를 거래할 수 있다.

빠른 결제도 암호화폐의 중요한 특징이다. 기존 전자화폐 결제 시스템과 달리 즉시 결제가 가능하다. 국제 송금에 높은 수수료가 발생하는 것과 달리 많은 암호화폐들이 최소한의 거래 수수료를 적용하고 있는 점도 매력적이다.

암호화폐의 단점

암호화폐가 극복해야 할 가장 큰 걸림돌은 관련 지식이 크게 부족하다는 점이다. 실제로 여러 나라의 금융 규제 당국은 암호화폐를 이해하기 위해 많은 시간을 들이지 않는다. 중국 같은 나라들은 아예 암호화폐를 완전히 불법화했다.[28]

암호화폐는 한번 거래되면 되돌릴 수 없다는 것을 문제점으로 보는 시각도 있다. 잘못된 거래가 이루어지면 수취인에게 환불을 요청하는 방법밖에 없다. 하지만 수취인이 환불 요청을 거절해도 발송자는 구상권이 없다.

암호화폐의 가치가 수시로 변동된다는 것도 단점이다. 이것은 모두에게 복잡한 문제이다. 현재 거래되는 암호화폐들은 법정통화로 지불하는 정기 결제를 대체할 만큼 아직 성숙하지 않았다. 암호화폐 시장은 아직 초기 단계이며, 현재의 법정통화를 대체할 정도의 금융 시스템을 갖추기 위해서는 상당한 진화가 필요하다. 기존 암호화폐 중 어느 하나가 아니라, 정책과 블록체인 기술의 통합으로 진화된 암호화폐의 가능성이 더 크다. 다만 전 세계적으로 암호화폐에 대한 부정적 기류가 강하기 때문에 주류 금융권에 진입하기까지 상당한 시간이 걸릴 것으로 보인다.

8장
블록체인 입문

8장에서는 블록체인 기술의 강점과 약점, 그리고 핀테크(fintech)와 공급망 등 많은 산업을 혁신할 수 있는 잠재력을 개략적으로 설명한다. 현재 블록체인이 주로 사용되는 곳은 대개 디지털 기록을 변조했는지를 입증해야 하는데 블록체인의 분산 배분 프레임워크로 어떻게 기록을 변조할 수 없는지에 대해 설명한다.

인터넷은 컴퓨터 비트와 바이트의 교환을 위한 매체로 등장했다. 분석가들은 블록체인을 가치 교환의 매개체, 즉 가치의 인터넷이라고 부른다. 이제 스마트 계약(smart contract, 소프트웨어 코드로 실행되는 당사자 간 디지털 계약)이라는 분산 애플리케이션(dApps)의 새로운 시대가 도래했다.

이 장에서는 블록체인의 역사와 비트코인의 창시자인 수수께끼의 인물 사토시 나카모토, 그리고 그가 개발한 사회적 합의인 작업증명(proof of work)과 합의 알고리즘(consensus algorithms)에 대해서도 알아본다.

마지막으로 정부가 규제하는 법정통화의 단점과 법정통화가 전 세계의 빈곤 지역사회에 미치는 부정적 영향을 자세히 설명한다.

사토시 나카모토의 비트코인 백서가 발표된 해가 2008년이기 때문에 일반적으로 그해를 블록체인 기술의 시작으로 생각한다. 그러나 블록체인은 미국의 컴퓨터 과학자 스튜어트 하버(Stuart Haber)와 W. 스콧 스토네타(W. Scott Stornetta)가 1991년 디지털 문서의 타임스탬프(timestamp, 어느 시점에 데이터가 존재했다는 사실을 증명하기 위해 특정 위치에 표시하는 시각 – 옮긴이)를 찍는 방법을 만들면서 처음 개발되었다.[1]

하버와 스토네타는 이른바 비잔틴 장군 문제의 딜레마에서 파생되는 실패들을 막기 위한 시스템으로 비잔틴 장애 허용(Byzantine Fault Tolerance)이라고 불리는 솔루션을 처음 발명했다. 이 솔루션은 1982년 레슬리 램포트(Leslie Lamport), 로버트 쇼스탁(Robert Shostak), 마셜 피스(Marshall Pease)에 의해 처음 소개되었다.[2]

비잔틴 장군 문제에는 다음 조건들이 포함되어 있다.

사령관은 n-1명의 휘하 장군들에게 다음과 같은 명령을 보내야 한다.

1. 모든 충성스러운 장군들은 같은 명령에 복종한다.
2. 사령관이 충성스럽다면 모든 충성스러운 장군들은 사령관의 명령에 복종한다.

문제에서 'n'은 사령관이 명령을 보내야 하는 휘하 장군의 수를 의미한다. 'n-1'은 현재 거느리고 있는 장군의 수보다 1 적은 수의 명령을 보낼 수밖에 없다는 의미다.

이 문제에서 한 가지 전제는 사령관의 유일한 의사소통 방법은 종이쪽지뿐이며, 반드시 전령이 직접 전달해야 한다는 것이다. 전령은 적진을 걸어가서 명령서를 전달해야 하며, 적에게 잡혀 포로가 될 가능성도 있다. 적에게 잡히면 전령은 배신자로 변해 장군들에게 잘못된 명령을 전달할 수밖에 없다.

또 다른 복잡한 전제는 전령이 배신자가 아니라 하더라도 장군들 중 한 명이 배신자일 수 있다는 점이다. 따라서 사령관은 전령이나 장군들 중 한 명, 또는 둘 다 배신자인지를 설명할 수 있어야 한다.

이 문제에 대처하기 위해 사령관은 모든 충성스러운 장군들이 동일한 행동 계획을 확실하게 따르는 전략을 시행해야 한다. 그래야 잠재적 반역자의 위협을 제거할 수 있다. 이것이 '비잔틴 장군의 문제'이고, 이 솔루션을 '비잔틴 장애 허용' 또는 알고리즘 OM(0)이라고 한다. 이 알고리즘은 구체적으로 다음과 같은 내용을 담고 있다.

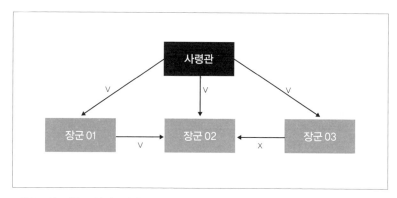

그림 8–1 알고리즘 OM(0) 작동 방식

1. 사령관은 모든 장군들에게 자신의 값을 전달한다.
2. 각 장군들은 사령관에게 받은 값을 사용하거나, 값을 받지 못한 경우에는 '후퇴'라는 값을 사용한다.

　알고리즘 작동 방식을 보면 먼저 사령관은 모든 장군들에게 메시지를 보낸다. 사령관이 보낸 메시지는 'v'다. 다음으로 각 장군들은 사령관에게 받은 메시지를 다른 모든 장군들과 연결해 비교한다. 모든 장군들이 충성스럽다면 각 장군들은 다른 두 장군에게 'v'라는 메시지를 보낼 것이다. 그러나 장군 03이 장군 02에게 'x'라는 메시지를 보낸 것으로 보아 장군 03이 배신자임을 알 수 있다. 장군 01과 장군 02는 모두 vvx 메시지(v 메시지 2회, x 메시지 1회)를 수신한다. 이 경우 'v'가 다수의 메시지이기 때문에 'v' 메시지가 실행해야 할 행동 계획이다.

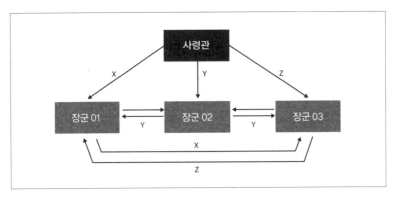

그림 8-2 알고리즘 설명

위의 알고리즘 설명처럼 사령관이 배신자라면 다른 결과가 발생한다. 장군 01, 02, 03이 각각 x, y, z라는 서로 다른 메시지를 수신한다. 결국 각 장군들은 메시지를 상호 전달하는 과정에서도 모두 'xyz' 메시지를 받는다. 이 경우에는 다수의 메시지가 없으므로 모든 장군들은 값을 받지 못한 경우 '후퇴'라는 값을 사용한다는 기본 옵션에 따라 행동한다.

위의 그림은 비잔틴 장애 허용 솔루션이 합의 프로토콜을 사용해 외부 침입자가 메시지 전달 시스템을 손상시키는 것을 어떻게 방지하는지를 개략적으로 설명한 것이다.

비잔틴 장애 허용 솔루션은 1991년 하버와 스토네타가 디지털 문서에 타임스탬프를 찍는 블록체인을 만드는 데 필수적인 합의 알고리즘의 문을 열었다. 그들이 만든 시스템은 문서의 매체뿐만 아니라 실제 컴퓨터 비트에도 타임스탬프가 찍혀야 하고, 데이터와 타임스탬프를 위조할 수 없어야 한다는 조건을 설정했다.[3]

그들은 실제 문서 대신 단방향 해시 함수(oneway hash functions)와 디지털 서명을 사용하여 문서를 처리하는 방안을 제시했다. 해시는 임의의 길이의 입력을 고정된 길이의 암호화된 출력으로 변환하는 수학적 함수를 말한다. 따라서 원래 데이터 양이나 파일 크기에 상관없이 자체의 고유 해시는 항상 동일한 크기가 된다.[4] 이 절차는 그들이 연결할 문서를 제출한 다음에는 다른 클라이언트에게 링크 인증서를 배포해야 한다는 의미다. 그러면 해당 클라이언트도 해시 타임스탬프를 지정해야 한다. 결국 그들의 메커니즘이 유용하다는 것이 입증되었고, 마침내 세계 최초의 블록체인이 탄생한 순간이다.

비트코인에 대한 간단한 소개

나카모토는 2008년 '비트코인 : P2P 전자현금 시스템'이라는 백서를 발표하면서 블록체인 기술을 한 단계 더 발전시켰다. 이 백서는 하버와 스토네타가 확립한 원칙이 새로운 블록체인의 발전에 중요한 역할을 했다는 것을 입증했다. 그러나 나카모토의 블록체인은 '전자현금이 금융기관을 거치지 않고 한 당사자에서 다른 당사자로 직접 전송되는 온라인 결제가 가능한' 순수 P2P 네트워크라는 점에서 하버와 스토네타의 블록체인과 달랐다.[5]

'P2P 네트워크'는 네트워크상의 다양한 컴퓨터를 가리키며, 각 당사자를 하나의 노드(node)로 간주한다. 각 노드는 2개의 고유한 키를 가진 특정 사용자에 해당한다.[6] 첫 번째 키를 공개 키라고 하는데, 공개 원장에서 누구나 볼 수 있다. 두 번째 키는 개인 키라고 하는데,

사용자만이 알고 있으며 블록체인에서 거래를 인증하는 암호 역할을 한다. 사용자는 P2P 네트워크상에서 토큰을 가지고 있는데, 이것은 모든 유형의 데이터가 될 수 있다(하지만 대개는 어느 한 종류의 암호화폐로 표시된다).

이런 구성 요소가 갖춰지면 다음과 같은 메커니즘에 의해 지불이 전송된다. 사용자는 먼저 토큰을 받고자 하는 수신자의 공개 키를 입력한 다음 개인 키를 입력해 거래를 실행한다. 그러나 현재 상태에서는 거래가 아직 완료된 것은 아니고 네트워크에 전파된(broadcast) 상태다. 일단 네트워크에 전파되면 채굴자들이 거래가 발생했는지 검증하기 위해 경쟁하면서 블록의 원장에 거래가 공식적으로 추가되고, 네트워크가 확인한 후에야 비로소 거래가 이루어진다.[7]

거래를 검증하는 경쟁이야말로 나카모토 블록체인의 가장 혁신적인 부분이다. 검증은 작업증명(proof of work)이라는 합의 알고리즘으로 실행된다.

작업증명은 신시아 드워크(Cynthia Dwork)와 모니 나오(Moni Naor)가 1993년에 처음 만들었다(그러나 1999년까지는 이름도 붙여지지 않았다).[8] 작업증명은 네트워크 스팸 및 서비스 거부 공격을 차단하는 방법으로 사용하기 위해 개발되었다. 단순히 정의하자면, 작업증명은 사용자가 암호화 문제의 계산을 실행하면서 솔루션을 찾기 위해 작동시키는 알고리즘일 뿐이다. 솔루션이 확보되면 다른 모든 사용자가 이를 검증하고 해당 블록체인에 추가할 수 있다.[9]

비트코인은 미국 국가안보국(NSA)이 2001년 개발한 'SHA-

256 작업증명 계획안'(SHA‑256 Proof-of-Work Scheme)이라는 특정 유형의 작업증명 알고리즘을 사용한다. 'SHA‑256 작업증명 계획안'은 입력에 관계없이 출력이 항상 256비트 해시이기 때문에 해시 작업증명 알고리즘이라고도 한다. 이것은 초기 데이터의 길이를 식별할 방법이 없다는 점에서 보안상 큰 장점이라고 할 수 있다.[10]

SHA‑256 작업증명 알고리즘은 비트코인 블록체인 네트워크 내에서 블록을 구축하고, 네트워크에 있는 사용자들 간에 신뢰의 원천으로 역할한다.[11]

SHA‑256 작업증명 알고리즘을 사용할 때, 새로운 블록은 각 블록에 헤더(header)를 부여하는 작업으로 시작한다. 헤더는 타임스탬프, 소프트웨어 버전 번호, 머클루트(merkleroot)의 해시, 난스(nonce, 각 블록에 추가되는 비밀번호‑옮긴이), 타깃 해시(target hash), 이전 블록의 해시 등으로 구성된다. 이 데이터는 나중에 복잡한 수학 문제를 푸는 데 사용된다.[12]

먼저 블록 헤더에 0이 추가된다. 블록 헤더에 추가되는 새로운 번호를 난스라고 한다. 그런 다음 새 블록 헤더를 해시시켜 나온 해시값이 타깃 해시보다 작은지 확인한다. 그렇지 않으면 블록 헤더에 1을 추가하고 다시 해시하여 난스를 높인다. 이 과정이 시행착오를 거치며 계속 이루어지는데, 적절한 난스를 찾기 위해서는 상당한 계산력이 필요하다.

블록을 해결하는 데는 많은 전력이 필요하기 때문에 사람들은 자신의 컴퓨팅 파워를 공유하고 함께 일한다. 이런 사람들을 채굴자라고 부른다. 각 채굴자의 컴퓨터는 블록의 난스를 해결하기 위해 활발하게 계산 작업을 하면서 틀린 난스의 수를 공유한다. 이런 과정이 반복되면서 시간이 지남에 따라 해결책을 찾을 확률도 높아진다.[13]

비트코인의 경우, 10분마다 새로운 블록 하나가 추가된다.[14] 일단 블록이 추가되면 변경은 거의 불가능하다. 변경하려면 이전의 모든 블록들까지 변경해야 하기 때문이다. 블록체인의 이런 불변성이 변조를 막아주고, 가장 긴 체인이 프레임워크 역할을 한다.

블록체인의 출처 인증(provenance)

블록체인은 작업증명이라는 합의 기반 알고리즘 때문에 위변조를 막을 수 있다. 작업증명은 이외에도 다른 이점이 있다. 바로 출처를 증명할 수 있다는 점이다. 출처란 맨 처음부터 블록의 소유권이 변동된 기록을 말한다.

출처 인증은 태초부터 경제의 핵심이었다. 예를 들어 당사자들은 거래할 동물이나 팔 집의 소유권을 확실하게 갖고 있는지 확인할 필요가 있다. 자산의 소유권을 확인해야 자산의 진위를 입증함으로써 양쪽 당사자를 보호할 수 있다.

일반적으로는 소유권을 확인하거나 출처를 입증하는 데 제3자를 동원한다. 그러나 블록체인은 거래의 양쪽 당사자를 등록하고 각 당사자의 자산을 인증할 수 있는 인프라를 제공함으로써 훨씬 더 빠르게 소유권 인증 작업을 수행한다. 블록체인 인프라는 복잡한 작업에 필요한 중개자 수를 줄여서 전체 거래 시간을 단축할 수 있다.[15]

토큰을 통한 소유권 추적은 블록체인의 가장 기능적인 응용 방법 중 하나다. 토큰들이 일련의 거래에서 일반적으로 발생하는 데이터의 디지털 버전이기 때문이다. 모든 토큰은 시간과 원산지를 표시하는 등 데이터를 완전하게 감사(audit)하고 있는 셈이다.[16]

비즈니스, 무역, 금융에서 수많은 문서들이 다양한 당사자들 사이에서 끊임없이 처리된다. 당사자들은 서로 잘 알지 못하기 때문에 신뢰할 방법이 필요한데, 토큰을 추적하면 모든 소유 이력을 알 수 있다.

블록체인의 불변성

불변성이란 블록체인이 변경되거나 개조되지 않는 것을 말한다.[17] 블록체인은 분산 배포되는 프레임워크이므로 변경할 수 없다. 다양한 노드가 사용되기 때문에 블록체인상에는 데이터의 복제본이 존재한다. 이 프레임워크의 장점은 가짜 블록을 쉽게 식별할 수 있다는 것이다. 또한 원본 데이터를 보존하고 있기 때문에 네트워크 데이터가 온전하게 보존된다. 블록체인 네트워크 내의 각 블록에는 자체 고유 해시뿐만 아니라 이전 블록의 해시까지 모두 담겨 있다.

블록체인의 불변성은 디지털 서명으로 더욱 강화된다. 디지털 서명은 비공개 블록체인에서 흔히 볼 수 있으며 해시라고도 부른다. 디지털 서명은 공개 키를 암호화하고 개인 키를 해독하는 과정을 통해 개인이 전송한 데이터를 검증한다.[18] 반면 블록체인 해시는 네트워크 알고리즘에 의존하는데, 대개 합의를 도출하는 작업증명 알고리즘이다. 블록이 생성되려면 알고리즘에 동의해야 하는데, 대부분의 네트워크가 새로 추가된 블록에 동조하느냐에 달려 있다. 일단 블록이 추가된 후에는 제거하거나 변경할 수 없다.

이러한 불변성으로 인해 기존 기술보다 더 저렴하고 효율적이며 더 높은 신뢰로 데이터를 공유할 수 있다.

스마트 계약

블록체인은 불변성과 출처를 인증할 수 있는 기능 외에도 스마트 계약을 사용해 보안을 강화할 수 있다.

스마트 계약(Smart Contract)이란 여러 당사자 간의 합의가 코드에 직접 담겨 있는 디지털 계약의 일종이다. 결정된 조건과 합의 사항들을 스스로 실행하고, 그 계약이 블록체인 네트워크상에 그대로 유지된다. 계약서 코드는 변경이나 취소할 수 없으며 완전히 추적 가능하다.[19] (투자정보 사이트 인베스토피디아)

스마트 계약은 취소할 수 없기 때문에 중앙기관이나 법적 시스템을 이용하지 않고도 거래와 합의 사항에 대한 신뢰를 높일 수 있다. 이에 따라 당사자들은 안심하고 직접 상호 거래할 수 있다. 스마트 계약은 미리 설정된 if-then 기반에서 기능하기 때문에 설정된 조건이 충족되는 경우에만 합의 사항이 실행된다.

스마트 계약으로 가장 잘 알려진 블록체인은 이더리움이다. 이더리움은 개발자들이 스마트 계약 프로그램을 쓸 수 있기 때문에 인기가 높다. 이런 프로그램은 솔리디티라는 사용자 지정 언어로 작성되며, 이더리움 가상머신(EVM, Ethereum Virtual Machine)으로 개발되었다.[20] EVM은 모든 알고리즘을 실행할 수 있으며, EVM으로 개발된 프로그램 코드를 분산형 응용 프로그램(decentralized applications, dApps/댑스)이라고 한다. 이 프로그램들이 스마트 계약을 구성한다. 댑스는 사용자들이 상호작용을 하는 데 프런트 엔드(front end, 사용자가 직접 이용하는)의 역할을 하지만, 사용자가 블록체인을 사용하고 자신의 신원을 입증하려면 브라우저 확장이 필요하다. 댑스를 사용하려면 이더리움의 통화인 이더(Ether)가 필요하다.[21]

2021년 2월 현재 이더리움 블록체인 네트워크에는 3,000여 개의 댑스가 있으며, 이 숫자는 매달 증가하고 있다.[22] 대부분의 댑스는 공급망 관리(supply chain management)와 관련이 있다. 공급망 관리에 블록체인과 스마트 계약을 활용하면 검증을 위한 제3자가 없어도 신뢰를 창출하며 프로세스를 빠르게 처리한다. 세계화의 속도가 계속 빨라짐에 따라 신뢰와 속도는 더욱 중요해지고 있다.

예를 들어 대부분의 기업들은 국제적 거래를 쉽게 하기 위해 공급자와 구매자 사이에 운송 중개인들이 필요하다. 이런 중개인들을 이용하는 데는 상당히 많은 비용이 들 뿐 아니라, 품목 협상 비용, 운송비, 국제 관세 등 여러 단계의 구매 절차가 필요하다. 게다가 기존의 전통적 공급망 관리는 서명한 종이 문서에 의존하는데, 이 문서들이 운송 중에 분실되거나 도난되는 경우도 발생한다. 그리고 환전 문제도 있다.

그러나 블록체인 및 스마트 계약을 통한 공급망 관리는 이런 모든 장애물들을 완화하고 효율성을 크게 높인다. 블록체인 프레임워크를 이용한다는 것 자체만으로도 신원을 증명하고, 변조가 불가능한 디지털 거래 기록을 유지하며, 모든 당사자들이 안전하게 이용할 수 있다는 신뢰를 보장한다.[23]

스마트 계약은 미리 결정된 매개변수를 기반으로, 공급망 시스템에서 필요한 단계를 자동으로 실행한다. 이 과정에서 각 당사자는 설정된 조건에 따라 예상된 지불, 제품, 서비스를 확실하게 받을 수 있다. 또 스마트 계약에서 안정적인 토큰을 결제수단으로 사용하면 환전도 필요 없다. 전반적으로 블록체인 스마트 계약은 공급망 프로토콜을 가속화할 뿐만 아니라 신뢰를 구축하고 모든 당사자들이 비용을 절감할 수 있다.

사회적 계약을 바꾼 비트코인

나카모토의 비트코인은 블록체인 커뮤니티가 창출한 가치 교환의 첫 매개체가 되었다. 비트코인은 당사자들이 거래하기 위해 자발적으로 채택한 통화다. 국민에게 의무적으로 강요되는 법정통화와 달리, 전자현금을 사용하느냐는 전적으로 개인의 선택이다. 이처럼 비트코인은 그동안 경제를 지배해 온 법정통화 기반의 전통적 합의를 완전히 바꾸어놓았다.

비트코인은 개인들에게 자신들이 지지하거나 신뢰하고 싶은 기관을 선택할 수 있는 권리를 부여한다. 사람들은 정부가 지원하는 전통적인 법정통화를 선택할 수도 있고, 자신들이 전혀 알지 못하는 채굴자 네트워크가 지원하는 암호화폐를 선택할 수도 있다.

법정통화를 선택하는 사람들은 정부가 만드는 통화의 보안과 안전을 믿기 때문이다. 그러나 암호화폐는 어느 개인에 의해 통제되는 것이 아니라 채굴자라고 불리는 익명의 큰 집단에 의해 통제된다. 채굴자들은 전 세계에 걸쳐 존재하며, 블록체인의 분산형 네트워크를 구성한다. 그들을 통제하는 규제 기관은 없다. 대신 절대 변경할 수 없는 블록체인 프레임워크가 이 기능을 수행한다. 비트코인 같은 블록체인상의 암호화폐는 변경할 수 없고 분산되어 있으며 민주적으로 기능하기 때문에 신뢰할 수 있다.

비트코인이 한 개인이나 기관에 의해 좌지우지될 수는 없지만, 그럴 위험은 있다(그것이 블록체인 암호화폐의 문제점이다). 이 시스템을 교란할 수 있는 유일한 방법은 '51% 공격'(블록체인의 전체 노드 중 50%를 초과하는 연산력을 확보해 네트워크를 해킹하는 공격 - 옮긴이)뿐이다.

51% 공격에서 공격자는 정상적인 노드(거래자)보다 더 빠른 속도로 블록을 생성시켜 네트워크의 대부분을 제어하려고 한다.[24] 이런 악의적인 채굴자는 먼저 막강한 연산력을 바탕으로 생성되는 블록에 대한 솔루션을 찾은 다음, 이를 블록체인 네트워크의 나머지 부분에 전파하지 않고 혼자 가지고 있는다. 2개 버전의 블록체인, 즉 원래의 블록체인과 혼자 가지고 있는 블록체인이 존재하는 것이다.

원래의 블록체인에서는 정상적인 채굴자들이 계속 블록을 생성하고, 악의적인 채굴자는 자기 혼자 갖고 있는 블록체인에서 정상적인 채굴자들보다 더 빠르게 블록을 생성한다. 하지만 자신의 블록을 네트워크에 전파하지 않았기 때문에 들키지 않고 그가 획득한 토큰(비트코인)을 원래 블록체인에 사용할 수 있다.

그렇다면 혼자 가지고 있던 블록체인은 어떻게 되었을까? 이 블록체인에서 토큰이 사용된 것 같지는 않다. 이는 악의적인 채굴자가 여전히 블록에 접속할 수 있다는 의미다. 이 블록체인에서 여전히 자신이 검증할 수 있는 블록들을 계속 획득할 수 있는 것이다.

블록체인은 합의 알고리즘 또는 다수자를 따르도록 코딩되어 있기 때문에 블록을 계속 검증할 수 있는 곳에서 문제가 발생한다. 블록체인은 진실로 여겨지는 체인, 즉 가장 무거운 체인을 따라가면서 진행된다. 이 가장 무거운 체인이 균형을 잡는 데 사용되기 때문이다.

대부분의 채굴자들은 네트워크의 다른 부분보다 자신의 블록체인 버전에 블록을 더 빨리 추가하려고 하기 때문에 해싱 파워(hashing power, 채굴 컴퓨터의 연산 능력 - 옮긴이)를 놓고 경합한다. 채굴자의 해싱 파워가 클수록 자신의 블록체인에 블록을 더 빨리 추가할 수 있는데, 이것이 바로 악의적인 채굴자가 노리는 것이다.

악의적인 채굴자가 네트워크상의 다른 채굴자들보다 더 빨리 자신이 가지고 있는 체인에 블록을 추가하면서 가장 긴 체인을 보유하게 된다. 그리고 마침내 그 체인을 전파하면 나머지 블록체인 네트워크가 이를 감지하고 진실로 간주한다. 그 결과 나머지 채굴자들의 프로토콜이 모두 바뀌고, 그들은 악의적인 채굴자의 블록체인에 해시하기 시작한다.

이렇게 해서 악의적인 채굴자의 블록체인이 검증되면 토큰을 다시 사용할 수 있다. 이것을 51% 공격 또는 이중 지불 공격(double-spend attack)이라고 한다.[25]

하지만 이런 공격이 실행될 가능성은 매우 희박하다. 우선 악의적인 채굴자가 전체 네트워크의 나머지 부분보다 더 많은 해시 파워, 즉 51%를 확보해야 하기 때문이다. 비트코인 블록체인의 노드 수(2021년 8월 기준 1만 2,000개 이상)를 감안하면 누군가가 51%를 확보할 가능성은 매우 낮다.[26] 하드웨어 장비 및 컴퓨터 연산 능력을 확보하기 위해 수백만 달러를 지출해야 하는데, 한 개인이 하기에는 거의 불가능한 일이다. 이런 조건들이 충족되었다 하더라도 악의적인 채굴자가 잡힐 확률은 거의 100%에 가깝다. 채굴 하드웨어를 설치하려면 엄청나게 넓은 창고가 있어야 하고, 그것을 가동하는 데는 엄청난 양의 전력 소비가 감지될 것이다. 게다가 그 악의적인 채굴자는 인터넷에서 흔적을 감추고 돈을 세탁해야 한다. 이 모든 작업들이 비트코인 블록체인상에서 성공적으로 실행되려면 너무나 많은 노력이 소모된다.

그러나 비트코인이 아닌 다른 블록체인에서는 중앙집중화된 채굴로 인해 51% 공격이 실현될 가능성이 높다. 중앙집중화된 암호화폐 채굴은 특정 채굴자 집단이 함께 공동 작업하는 경우를 말하는데, 이들 중 상당수는 ASIC(주문형 집적회로, p54 참고)를 사용한다. ASIC 칩은 기존 GPU(그래픽 처리 장치)보다 빠른 속도로 특정 해싱 알고리즘(특정 암호화폐)을 채굴할 수 있다.[27] 특정 코인 채굴 전용 ASIC

가 출시되면 다른 모든 채굴자들을 지배하는 경우가 많다. 새로운 ASIC를 만드는 제조업체들이 가장 높은 처리 능력을 가지고 있기 때문에 연산 능력이 중앙집중화되는 것이다.

실제로 중국의 비트메인 같은 ASIC 제조업체는 블록체인에 대한 전체 해시 파워의 50% 이상을 제어할 수 있다. 이것은 51%의 공격 가능성이 있다는 의미다. ASIC 제조업체의 중앙집중화와 51% 공격의 위험을 줄이는 최선의 해결책은 ASIC에 대항할 수 있는 새로운 해싱 알고리즘을 생성하는 것이다.[28]

블록체인이 필요한 이유

기술이 확장되고 자산이 점점 디지털화됨에 따라 신뢰를 유지하는 것이 그 어느 때보다 중요하고 절실한 문제가 되었다. 이를 위한 최선의 해결책이 바로 블록체인 기술이다.

블록체인을 통해 디지털 자산을 익명으로 교환할 수 있고, 제3자를 통하지 않고도 원활하게 자산을 거래함으로써 거래 비용도 낮출 수 있다. 또한 공개 블록체인의 모든 거래를 볼 수 있으며 거래가 실시간 자동 생성되므로 참여 당사자의 신원을 몰라도 더 빠르게 거래를 수행할 수 있다.

블록체인에서는 신속하게 거래할 수 있을 뿐만 아니라 신뢰도를 높여준다. 블록체인의 신뢰도는 해킹, 허위 데이터 또는 사람에 의한 위변조로부터 스스로를 보호하는 자체의 보안 조치에서 나온다. 그중 하나가 블록체인의 분산형 네트워크이다. 분산이라는 속성이 하나의 진입점을 제거함으로써 블록체인을 교란하기 어렵다. 또 다른 자체의 보안 기능은 비트코인의 작업증명 알고리즘(비잔틴 장애 허용을 따르고 있는 것 같다)이다. 이런 알고리즘들이 거래를 확인할 때 디지털 서명과 함께 작동하여 블록체인을 더욱 완전하게 만든다.

9장
블록체인, 물물교환,
암호화폐가
만나는 지점

9장에서는 블록체인 기술이 어떻게 투자 금융, 암호화폐, 물물교환이 만나는 이상적인 플랫폼이 될 수 있는지 간략하게 설명한다.

블록체인 기술은 미국 정부가 제정하고 규제하는 포괄적 증권형 토큰 발행(STO, Security Token Offerings) 등 기업이 벤처 자본을 조달할 수 있는 혁신적인 방법을 제공한다.

이 장에서는 자산 토큰, 유틸리티 토큰, 일반 통화의 차이점을 살펴보고, 마이크로소프트가 진행하는 토큰 분류 이니셔티브(TTI, Token Taxonomy Initiative)가 토큰의 예시화(기업들이 각자 용도에 맞는 토큰을 개발할 수 있는 맞춤형 도구를 마련하는 작업 – 옮긴이)를 위한 보편적인 프레임워크를 어떻게 제공할 것인지를 알아본다.

블록체인은 대출 신청자에 대한 신용평가를 완화하고 금리를 낮춤으로써 소액금융 프로그램을 변화시키고 자본의 접근성을 높인다. 여기서는 블록체인이 신원 관리를 어떻게 처리하는지, 그리고 개인 신원 허브(personal identity hubs)의 개념과 함께 분산 데이터의 개념을 설명한다.

블록체인과 벤처캐피털

블록체인 기술은 기업이 증권형 토큰 발행(STO) 등 벤처 자본을 조달할 수 있는 혁신적이고 새로운 방법을 촉진한다. 수십 명이 참여하는 기존 벤처캐피털(VC) 펀드에 비해 STO는 수백 명의 투자자를 동원할 수 있다.[1]

백서, 웹사이트, 맞춤형 암호화폐 등으로 무장한 신생 기업은 블록체인을 이용해 잠재적 투자자들에게 자신들의 비전을 펼쳐 보일 수 있다. 투자자들은 이 비전을 보고 해당 기업이 새로 발행한 암호화폐를 배당받는 대가로 회사에 자금을 지원한다. 투자자는 이 기업의 사업 아이디어가 광범위한 지원을 받아 성숙하면서 배당받은 암호화폐의 가치가 극적으로 상승할지 모른다는 도박을 하고 있는 것이다. 이런 식의 초기 투자는 대개 암호화폐 공개(ICO)의 형태로 이루어졌지만, ICO에 대한 평판이 나빠지면서 STO가 자금을 조달

하는 합법적인 방법이 되었다.[2]

　ICO는 새롭게 발행하는 디지털 코인을 비트코인이나 이더리움, 또는 법정통화로 교환할 수 있도록 함으로써 새로운 프로젝트의 자금 조달 메커니즘으로 활용되어 왔다. ICO는 투자자가 기업의 주식을 매입할 수 있는 기업공개(IPO)와 유사하다.[3] 그러나 규제를 전혀 받지 않고 대중으로부터 수백만 달러를 조달했던 ICO는 안타깝게도 부도덕한 사기꾼들이 개입하면서 이미지가 크게 훼손되었다.[4]

　결국 2017년, 미국 증권거래위원회(SEC)는 ICO의 토큰을 증권으로 분류하고, 투자자들을 오도하고 있다는 판단하에 ICO를 불법으로 규정했다.[5](정확히 말하면 암호화폐의 공개 및 판매와 관련하여 연방증권법을 준수할 것을 명시적으로 경고했다.) 2017년 한 해 동안 기업들은 ICO를 통해 56억 달러를 모금했지만, ICO가 까다로워지면서 오늘날 투자자들은 기업가적 혁신과 부를 촉진할 합법적 대안을 갈망하고 있다.[6]

　STO의 합법성은 ICO에 비해 명백한 장점이다. 투자자들이 합법적으로 투자하고 증권을 디지털로 안전하게 유지할 수 있다는 점에서 STO의 시장 잠재력은 매우 크다.[7]

　STO를 평가하는 데는 이른바 하위 테스트(Howey test)가 사용된다. 하위 테스트는 토큰이 회사 이익의 일정 몫을 받는 대가로 돈을 기부하거나 투자할 기회를 제공하는지 여부를 평가한다. 이런 기회를 제공하는 경우 증권형 토큰 발행으로 간주된다.[8]

　토큰이 STO에 해당되는지를 판단하는 또 다른 방법은 토큰이 분산원장 역할을 하는 블록체인 시스템상에서 구축되었는지 알아보는 것이다. 이 경우 토큰은 1933년 증권법 섹션 2(a)(1)에 따른 '증권 문서'로 간주된다. 미국 증권법은 투자 계약에 초점을 맞추고 있으며, 암호화폐에 대해서는 블록체인을 안전한 투자 계약으로 간주하고 있다.[9]

증권거래위원회(SEC)의 규정을 준수하려면 많은 비용이 들기 때문에 투자가 위축될 수 있다는 우려가 있다. 기업이 초기에 자금을 조달하기 위한 또 다른 실용적인 접근 방법은 유틸리티 토큰을 발행하는 것이다.

유틸리티 토큰은 디지털 쿠폰 역할을 하는 사용자 토큰 또는 앱 코인으로, 할인이나 회사가 제공하는 미래의 제품과 서비스에 활용될 수 있다. 유틸리티 토큰은 투자로 간주되지 않기 때문에 연방 증권법의 규제 대상이 아니다.[10]

유틸리티 토큰을 보유한 사람은 그 토큰을 발행한 회사 외에 다른 곳에는 사용할 수 없고 아무 가치도 없다.[11] 예를 들어 자동차 제조사의 유틸리티 토큰은 차량 계약서와 같은 자산 기능을 갖기 때문에 중개자(자동차 딜러)가 필요 없다.

토큰 분류 이니셔티브(TTI)

토큰과 관련한 이 모든 문제가 조금 복잡해 보일 수 있다. 이런 혼란을 완화하기 위해 디지털 토큰에 대한 새로운 표준이 제정되었는데, 이것을 토큰 분류 체계(TTF, Token Taxonomy Framework)라고 부른다.

TTF는 토큰 분류 컨소시엄(Token Taxonomy Consortium)의 회원 사들이 2019년에 설립했다. 컨소시엄의 임무는 개발자들과 기업 전문가들 모두 이해할 수 있는 일련의 보편적인 정의를 수립해 기업과 블록체인을 쉽게 연결하는 것이다.[12] 구체적으로는 사람들이 다양한 산업에서 사용할 수 있도록 토큰의 다양한 용도에 초점을 맞추고 있다. 토큰 분류 컨소시엄의 의장이자 마이크로소프트의 수석 설계자인 말리 그레이(Marley Gray)는 다음과 같이 선언했다.

그것이 티켓이 됐든, 공급망 문서가 됐든, 주식이 됐든, 부동산 권리가 됐든, 단골고객 우대 포인트가 됐든, 아니면 아직은 생각지 못한 블록체인 기반의 제품이나 서비스가 됐든, 토큰은 플랫폼 전반에 사용될 수 있어야 한다. 협업 플랫폼의 장점을 최대한 활용하려면 플랫폼 간에 거래를 할 수 있어야 한다. 우리가 제안하는 이 표준은 그것을 구현하는 시작일 뿐이며, 이 표준 체계가 블록체인상에 있는 토큰의 미개척 잠재력을 만천하에 드러낼 것이다.[13]

TTF가 만든 표준은 무료 소스 코드 저장소인 깃허브(GitHub)에서 공유된다. 누구나 공개적으로 정보를 이용할 수 있다는 의미다. 여기에서 사용 사례, 용어, 분류법, 기술적 토론 등을 통해 다양한 토큰 개념에 대한 지식과 소식들을 제공한다. 사용자가 자신의 토큰을 빠르게 설계할 수 있는 재사용 가능한 도구 모음도 있다.

모든 토큰은 본질적인 특성들을 기준으로 분류된다.[14] 첫 번째 특성은 토큰의 유형이다. 토큰에는 2가지 유형이 있는데, 대체 가능한 토큰과 대체 불가능한 토큰이다. 대체 가능한 토큰은 서로 교환할 수 있는 가치를 보유하고 있기 때문에 특정 토큰의 수량은 동일한 계열이나 등급의 다른 토큰의 수량 및 금액과 동일한 가치를 갖는다. 대체 가능한 토큰의 예로는 현금을 들 수 있다. 대체 불가능 토큰(NFT)은 가치가 다르기 때문에 동일한 유형의 다른 토큰과 교환할 수 없다. 대체 불가능한 토큰의 예로는 집문서(부동산 소유증서)를 들 수 있다.

　　두 번째 특성은 토큰의 단위다. 토큰 단위는 분수(fractional)일 수도 있고, 전체(whole)일 수도 있고, 낱개(singleton)일 수도 있다. 분수 토큰은 분수로 분할되며 소수(小數)로 표시된다. 전체 토큰은 정수로만 표시되며 분할이 허용되지 않는다. 낱개 토큰은 1개의 토큰이 분할되지 않고 단지 1개의 양으로만 표시된다.

　　세 번째 특성은 가치 유형으로 내재적 가치가 있는 토큰(intrinsic type)과 기준형(reference type) 토큰이 있다. 내재적 가치는 토큰 자체가 가치를 갖는 것이며, 기준형 토큰은 다른 가치의 원천을 가리킬 뿐이다.

　　네 번째 특성은 표시 유형으로 공통형인지 아니면 특별한 고유형인지로 분류된다. 공통형 토큰은 속성을 공유하며 중앙의 한 곳에 저장된다. 반면 고유형 토큰은 각각 고유한 특징을 가지고 있으며 개별적으로 추적해야 한다.

　　마지막 특성은 토큰의 템플릿으로 단일형과 혼합형으로 분류

된다. 단일형 토큰은 하나의 모체에서 만들어지지만, 혼합형 토큰은 하나의 모체 토큰과 하나 이상의 하위 토큰을 결합하여 만들어진다.

TTF는 토큰 특성 외에도 재사용 가능한 부분을 기반으로 토큰을 생성하기 위한 구성 체계를 제공한다. 기본 토큰 유형, 토큰 속성, 토큰 작용(token behaviors) 등이 재사용 가능한 부분인데, 이들을 더 분석하면 잔존 구성 요소가 생긴다. 이를 구성 요소 산물(component artifacts)이라고 하는데, 이들이 결합되어 토큰 생성을 완료한다.

TTF의 토큰 템플릿이 토큰에 결합된 구성 요소 산물의 유형을 결정한다. 토큰 템플릿은 템플릿 공식과 공식에서 파생되는 템플릿 정의로 구성된다. 토큰 템플릿은 토큰을 사용하는 방법을 설명하며, 재사용 가능한 기본 유형, 작용, 작용 그룹(behavior group), 속성으로 구성되어 있다.

토큰의 속성이란 토큰이 데이터를 포함하는 방법과 데이터를 기록하는 방법을 말한다. 토큰 작용은 다음과 같다.

1. 양도 가능은 소유권이 이전될 수 있음을 의미한다.
2. 양도 불능은 소유권이 이전될 수 없음을 의미한다.
3. 분할 가능은 토큰이 소수점으로 존재할 수 있음을 의미한다.
4. 낱개로 존재는 토큰이 1의 단위로 만들어졌음을 의미한다.
5. 주조 가능은 토큰을 만들 수 있음을 의미한다.
6. 역할 지원은 토큰에 특정 작업을 제한하거나 허용하는 역할이 정의되어 있음을 의미한다.

7. 제거 가능은 토큰을 공급에서 제거할 수 있음을 의미한다.

토큰 작용 그룹은 용도의 유사성을 기준으로 그룹에 참여한 작용들을 반영한다.[15] 예를 들어 공급 조절(Supply Control)은 주조 가능하고, 제거 가능하고, 역할 지원이 되는 작용 그룹이다.

템플릿 정의에는 템플릿 공식의 명령을 사용해 토큰을 만드는 데 사용되는 산물들이 포함된다. 따라서 템플릿 정의가 곧 토큰의 사양이며, 개발자가 코딩하는 데 사용된다. 토큰 공식에서 파생된 토큰 정의를 보면 복잡한 모양이긴 하지만 사용하기 쉽다. 컨소시엄이

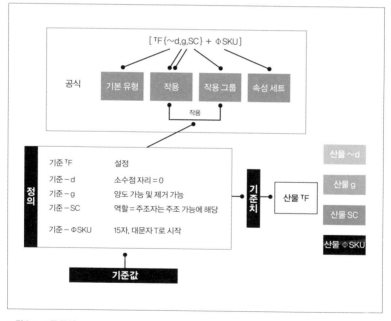

그림9-1 토큰공식

단순한 클릭과 드래그만으로 토큰을 생성할 수 있도록 만든 인터페이스 덕분이다. 그 결과로 도출된 것이 토큰 사양 요약표다.

"이 표준 분류 체계를 통해 기업가들은 코드를 전혀 작성하지 않고도 디자인 도구를 사용해 시각적으로 토큰을 생성할 수 있다."[16]

이머니(Emoney)

분류 공식: tF{d,t,g,h,c,SC}

작성자

성명	소속 기관
줄리오 파우라Julio Faura	애드하라(Adhara)
다니엘 레흐너Daniel Lehrner	아이오빌더스(ioBuilders)

토큰 분류

템플릿 유형	단일 토큰	하위 또는 파생 토큰이 없음
토큰 유형	대체 가능	상호 교환 가능한 가치를 가지며, 특정 토큰의 수량이 동일 계열이나 등급의 다른 토큰의 수량 및 금액과 동일한 가치를 갖는다.
토큰 단위	분수	소수점 이하 자릿수로 더 작은 단위 또는 부분으로 세분되거나 분할될 수 있다.
가치 유형	내재적 가치형	순수한 디지털 방식으로 직접 가치를 나타낸다. 그러나 외부적으로 물리적 형태를 나타내지는 않으며, 중요한 항목이나 속성에 대한 영수증이나 소유권 문서가 될 수는 없다.
표시 유형	공통형	은행계좌처럼 모든 잔액이 동일한 대차대조표에 기록되는 방식으로, 단순히 소유자 주소에 귀속되는 잔액 또는 수량으로 표시된다. 모든 거래 사례는 공통의 속성을 쉽게 공유할 수 있으며 찾는 것도 간단하다.

그림 9-2 토큰 사양 요약표

이머니(Emoney) 토큰으로 블록체인 네트워크상에서 규제 대상이 되는 전자화폐를 발행할 수 있고, 실제 금융 목적으로 사용할 수 있다.

이런 토큰은 거의 모든 기업에 적용될 수 있으며, 많은 기업들이 토큰화된 제품과 서비스를 개발할 수 있다. 토큰 분류 체계(TTF)는 기업들이 토큰을 구현할 수 있는 방법에 대한 명확한 통찰력을 제공한다. 더 중요한 것은 토큰 생성과 규제에 모두 적용될 수 있는 표준을 설정하고 있다는 점이다.

소액금융: 유동성 문제의 해결

소액금융은 저소득층까지 금융 서비스를 확장해 그들의 소득 증대를 돕기 위한 것이다. 소액금융 서비스에는 신용 한도 설정, 보험기금 혜택, 대출 확대, 저축계좌 허용 등이 포함된다. 소액금융 서비스를 받을 대상자는 대부분 신용이 부족한 중소기업과 저소득 기업인들이다.[17]

소액금융 프로그램은 연대책임을 지는 단체 대출 계약을 통해 빈곤을 완화하겠다는 약속으로 만들어졌다. 그러나 많은 소액금융 프로그램들이 저소득층과 높은 상환 이자율을 적용하는 대부기관들 사이에 경제적 긴장만 악화시켰을 뿐이다. 결과적으로 소액금융의 목적과는 정반대로 소득 불평등이 더욱 심화되었다.[18]

소액금융기관(MFI)의 규제가 가벼운 것도 문제다. 게다가 송금이나 저축 요건을 갖춘 MFI는 그리 많지 않다. 또 소액금융을 원하는 고객이 금융기관으로부터 자금을 확보할 수 있는 담보가 부족한 경우도 많다.[19]

소액금융의 이러한 문제로 인해 대부분의 저소득층은 소액금융기관을 단지 저축하는 곳으로만 이용한다. 저축은 상품이나 서비스를 구매하는 데 필요한 가치를 통째로 축적해 놓았다가 나중에 찾는 것을 의미한다.[20] 따라서 저소득층이 고금리 대출을 받을 수밖에 없거나, 최악의 경우 자금을 조달하기 위한 노력을 완전히 포기하게 되면서, 빈곤선(poverty lines, 최저한도의 생활을 유지하는 데 필요한 수입 수준 – 옮긴이)은 더 악화될 뿐이다.

분산형 신원 인증 재단

블록체인 기술에서 신원 인증은 분산형 공개 키 인프라(DPKI, decentralized public key infrastructure)를 기반으로 한다. DPKI는 공개 키 인프라(PKI)에서 파생된 것으로, 엄선된 정책, 하드웨어, 소프트웨어, 프로토콜, 기밀 정보와 개인정보를 관리하는 역할들로 구성되어 있다.[21] 이 모든 구성 요소들이 각각 공개 키 암호화와 디지털 인증서를 안전하게 관리하는 방법에 대해 개략적으로 설명한다. 전자상거래와 은행 등 대부분의 온라인 거래는 PKI를 사용하는데, 거래 당사자의 신원을 확인하는 데 단순한 비밀번호보다 보안이 더 강력하기 때문이다.

PKI는 X.509 표준에 따라 보안을 제공한다.[22] 이 표준은 PKI에 포함된 일반적인 보안 구조를 정의하고 있다. PKI에서 설명하는 첫 번째 보안 구조는 권한 인증서다.[23] 이 인증서들이 PKI의 암호화 체계를 구성한다. 권한 인증서는 자동화된 프로세스 또는 사람의 감독하에 발급되며, 공개 키를 신원과 일치시키는 데 사용된다.

PKI에는 디지털 인증서에 대한 요청을 처리하고 인증하는 역할을 하는 등록 기관이 포함되어 있다. 보안을 위한 최종 조치는 신뢰할 수 있는 제3자(TTP)를 사용하는 것이다. TTP는 해당 실체에 대해 보유하고 있는 보충 자료를 토대로 인증서의 실체를 식별함으로써 최종 검증기관의 역할을 한다.[24] 신뢰할 수 있는 제3자는 구매자와 판매자 모두에게 보다 안전한 거래를 제공한다.

신원 확인을 위한 3중 구조에도 PKI는 여전히 위태로울 수 있다. PKI의 가장 취약한 요소는 신뢰할 수 있는 제3자다. 제3자들은 중간자 공격(man-in-the-middle attacks)으로 손상되기 쉽기 때문이다. 중간자 공격은 공격자가 교신하고 있는 두 당사자 간의 통신을 가로채 악의적인 목적으로 훔치거나 정보를 변경하는 것이다.[25]

DPKI에서 개인 키 생성하기

신원을 보호하는 가장 좋은 방법은 DPKI를 사용하는 것이다. 여기서 신원 등록은 블록체인 네트워크에서 ID를 보유한 개인이 직접 수행하고 유지한다. 따라서 블록체인 네트워크는 ID의 소유자가 자신의 개인 키를 확실하게 통제한다고 가정하고 식별자 등록소 역할을 한다.[26]

DPKI에서 개인 키는 분산원장을 통해 ID 소유자에게 직접 생성되고 소프트웨어를 사용해 유지된다.[27] 그러면 등록된 식별자는 식별자와 공개 키에 연결된 자신의 데이터를 등록하고 업데이트하기 위한 키 쌍을 받는데, 이것은 식별자의 하위 키 역할을 한다. 하위

키는 ID 소유자가 통신에 서명하는 데 사용된다.[28]

개인 신원 허브

DPKI를 가장 크게 적용할 수 있는 부문은 개인 신원 허브이다. 개인 신원 허브는 특정 개인에 대한 모든 데이터를 보유하고 각 개인이 자신의 모든 정보를 직접 통제하는 것이다.[29] 예를 들어 환자가 주치의에게 병원 기록을 보내야 한다고 가정해 보자. 환자가 병원에 연락하면 병원에서 진료 기록을 의사에게 직접 보내기 때문에 환자는 사본을 받지 못한다.

그러나 의료 데이터를 위해 개인 신원 허브가 개발되었다면 환자는 자신의 데이터를 의사나 다른 사람에게 직접 전송할 수 있다. 게다가 환자는 언제든지 그 기록을 꺼내 조회해 볼 수 있다. 이 같은 즉각적인 데이터 접속이 생명을 구하는 기술이 될 수 있다. 예를 들어 누군가 사고를 당해서 의식을 잃는다면 누구도 그의 병력을 응급 의료진에게 알려줄 수 없다. 그러나 개인 신원 허브가 있으면 응급 의료진은 그 환자의 특수한 질병이나 특정 약물에 대한 알레르기가 있는지 등 생명을 구하는 데 매우 중요한 정보에 접근할 수 있다.

의료 기록에 대한 분산형 개인 신원 허브가 있으면 사람들은 자신의 데이터에 더 빨리 접근할 수 있을 뿐만 아니라, 신원 인증에도 사용할 수 있다. 전 세계적으로 약 17억 명의 사람들이 신분증을 갖고 있지 않다는 점을 고려하면 매우 큰 장점이다. 신분증을 제공한다는 것은 이들이 제도권 경제 내에서 거래에 참여할 수 있다는 의미다.

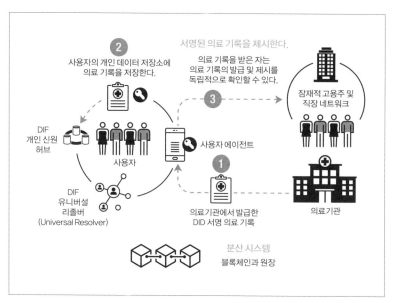

그림 9-3 의료기록에 대한 분산형 개인 신원 허브

　개인 신원 허브에 반대하는 가장 큰 논점은 보안을 데이터를 보유하고 있는 회사가 아니라 각 개인이 부담해야 한다는 것이다. 그러나 DPKI의 분산형 블록체인을 활용하면 절차가 매우 쉬워진다. 데이터와 신원 정보가 그들이 갖고 있는 기기에 직접 저장될 수 있기 때문이다.[30]

　이런 절차로 인해 전체 네트워크를 한 번에 침투하기가 불가능하다. 공격자는 개개인의 데이터 저장소를 일일이 추적해야 하기 때문이다. 공격자가 개인 키를 구할 방법이 없으니 전체 네트워크에 대한 집단적 공격은 애초에 불가능하다. 해커들에게 별 이득이 없다.

디지털 서명

DPKI는 또 디지털 서명을 사용한다. 디지털 서명은 암호화된 수학 문제 알고리즘을 기반으로 하고 있으며,[31] 신원 인증에서 부인 방지 기능(nonrepudiation)으로 사용되어 데이터의 완전성을 높인다.[32] 부인 방지 기능은 정보의 발신자에게 발신 증거를 제공하고 정보 수신자에게는 발신자의 신원 증명을 제공해서 양측 모두 자신이 정보를 처리했다는 사실을 부인하지 못하게 하는 기능이다.

디지털 서명은 데이터를 해싱, 서명, 확인함으로써 작동한다.[33] 데이터 해싱은 데이터를 크기나 유형에 관계없이 생성된 다른 모든 해시값과 동일한 길이의 해시값으로 변환한다는 의미다. 그다음 발신자는 공개 키 암호화를 사용해 해시된 데이터에 서명한다.

공개 키 암호화 사용으로 당사자들은 데이터가 변조되지 않았는지 확인할 수 있다. 우선 발신자의 데이터가 개인 키로 암호화되어 발신자의 공개 키와 함께 발송된다. 그다음 수신자는 발신자의 공개 키를 사용하여 메시지를 읽는다.

메시지를 변경하면 새 서명이 생성되기 때문에 발신자는 메시지가 변경되지 않았음을 확인할 수 있어 완전성이 보장된다. 서명 작성에 사용된 개인 키에 대한 접근 권한이 발신자에게만 있다면 그 메시지는 오직 발신자만이 보낼 수 있는 것이므로, 메시지가 진짜라는 것이 확인된다. 마지막으로 디지털 서명은 발신자가 메시지에 서명한 것에 대해 이의를 제기할 수 없다는 부인 방지 기능이 보장된다.

허가형 폐쇄 원장

허가형 폐쇄 원장(private permissioned ledgers)은 권한을 부여받은 당사자만이 노드를 추가할 수 있는 블록체인 네트워크다.[34] 그들만이 블록체인상의 데이터에 접근할 수 있다. 누구나 참여할 수 있는 폐쇄적인 환경을 제공한다. 폐쇄형 원장의 장점은 알고리즘을 지시하는 데 이 관리 방식이 사용될 수 있다는 것이다. 또 다른 장점은 선택된 개인이나 그룹이 데이터에 대해 책임진다는 것이다. 이것은 개인정보보호를 원장이 책임진다는 의미다.

오늘날 많은 금융기관이 '고객알기제도'(KYC, Know Your Customer, 금융기관의 서비스가 자금세탁 등 불법행위에 이용되지 않도록 고객의 신원, 실제 당사자 여부 및 거래 목적 등을 확인함으로써 고객에 대해 적절한 주의를 기울이는 제도 – 옮긴이) 규정을 준수하고 있다. 이것은 거래에서 당사자들의 신원을 파악하는 데 초점을 맞추고 있다.[35] 그러나 현행 시스템의 문제는 고객이 제출한 모든 문서를 확인하는 데 시간이 오래 걸린다는 점이다. KYC가 폐쇄형 원장에 내장된다면 검증 시간을 단축할 수 있다. 즉시 데이터를 확인하기 때문이다. 뇌물수수 금지법을 시행하는 데에도 도움이 된다.

자금세탁방지(AML) 준수 프로그램도 불법 거래 추적에 도움이 되므로, 폐쇄형 원장에 표준으로 포함되어야 한다.[36] 자금세탁은 전 세계 GDP의 2~5%를 차지하며, 특히 암호화폐가 중심에 있다.[37] AML 준수를 블록체인에 포함시키면 돈세탁을 줄이는 데 큰 도움이 된다.

일반적으로 폐쇄형 원장의 정보는 알아야 할 사람에게만 공개되어야 하며, 장부와 관련된 모든 제도 및 준수 사항에 의해 규제되어야 한다. 데이터를 최대한 비공개로 유지하는 것은 이른바 양자 컴퓨팅 같은 최고의 위협을 방지하기 위해서라도 필수적이다.

양자 컴퓨팅은 양자역학(quantum mechanics)을 이용해 계산을 수행할 수 있는 장치를 말한다. 양자 컴퓨터가 비트가 아니라 큐비트를 사용하여 계산할 수 있다는 의미다.[38] 큐비트는 0과 1이 동시에 존재할 수 있으므로 양자 컴퓨터는 다른 어떤 장치보다 더 빠르게 계산할 수 있다.[39] 빠른 속도 덕분에 양자 컴퓨터는 블록체인에 사용되는 알고리즘도 역계산할 수 있다. 양자 컴퓨터가 디지털 서명과 개인 데이터를 위조하거나 심지어 디지털 자산을 통제할 수 있다는 의미다.

이런 양자 컴퓨터의 공격을 방어하는 최고의 장치는 양자 저항 알고리즘(quantum-resistant algorithms) 또는 양자 인터넷이지만, 현실화되려면 아직 수십 년을 더 기다려야 한다.[40] 그렇다 해도 폐쇄형 원장은 미래에 대해 계획을 세우고 다가오는 기술 발전으로부터 보호할 대책을 강구해야 한다.

폐쇄형 원장에 사용되는 토큰은 시장이 그 가치를 어떻게 결정하는지에 따라 평가된다. 사용할 수 있는 토큰의 수는 단지 몇 가지뿐이기 때문에 인플레이션의 영향도 받지 않을 것이다. 하지만 이런 특전과 상관없이 암호화폐 토큰들도 수요와 공급의 법칙을 준수하기 때문에 여전히 가격 변동이 심할 수 있다. 실용성과 같은 다른 요인들의 영향도 받을 것이다.

10장
암호화폐와 정부 규제

10장에서는 암호화폐에 대한 현재 정부의 규제와 더불어 미국과 유럽의 향후 규제 예측에 대해 살펴볼 것이다. 그리고 증권거래위원회(SEC)나 상품선물거래위원회(CFTC) 같은 특정 규제 기관들이 빠르게 성장하는 암호화폐와 블록체인 토큰 영역을 전반적으로 규제하기 위해 어떤 조치들을 취했는지 설명한다.

전 세계 정부들은 블록체인 기술을 법정 목적으로 활용하기 위해 발빠르게 움직이고 있다. 심지어 정부 주도의 고브코인(Govcoins)이나 중앙은행이 발행하는 디지털 통화(CBDC) 같은 새로운 종류의 디지털 코인이 등장하고 있다. 이 장에서는 중국 중앙은행이 발행하는 '디지털 위안화'의 출시가 어느 정도 진전되었는지 알아본다.

암호화폐를 이야기할 때 가장 중요한 것은 뭐니 뭐니 해도 이 산업의 미래다. 암호화폐는 새로운 개념이지만, 전통적인 은행 시스템뿐 아니라 여러 다른 산업에도 침투하고 있다. 아직까지도 규제 기관을 위시해 중앙 통제형 금융기관 내에 반대자들이 많지만 말이다.

중국 정부는 자체 디지털 화폐를 만들기로 결정하면서 그것이 자신들이 처음 시작한 개념이라고 주장하고 있다(하지만 다른 나라들도 이미 정부 주도 디지털 화폐(CBDC)를 고려하고 있다).

암호화폐에 대한 미국 정부의 태도

암호화폐가 처음 미국 정부의 관심을 끈 것은 비트코인 거품 이후인 2017년이었다. 미국인들이 잘 알려지지도 않은 이 플랫폼을 통해 수백만 달러를 유통하고 있다는 사실이 밝혀지면서 증권거래위원회(SEC)와 상품선물거래위원회(CFTC)가 개입하기 시작했다. 미국에서는 1만 5,000달러 이상의 송금에는 세금이 부과된다.[1] SEC 위원장은 뉴욕 연방준비은행과 회의에서 비트코인이 매우 긴급한 안건이라고 설명했다. 비트코인을 이용한 1만 5,000달러 이상의 미등록 자금 이체가 시장을 교란하고 있다고 판단했기 때문이다.

이후 얼마 지나지 않아 SEC는 상장지수펀드(ETF)가 암호화폐를 포함시키는 것을 제한했다. SEC는 또 암호화폐 공개(ICO)도 등록시키지 않기로 결정했다. 2017년 여름, SEC는 일부 ICO는 합법적 투자가 될 수 있지만 대부분의 ICO는 사기 가능성이 있다는 성명을 발표했다. 2017년 한 해 동안에만 ICO에 대한 SEC 제재 조치가 세 차례 나왔다.[2]

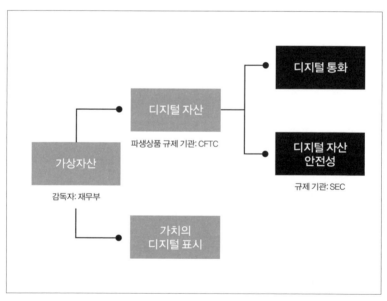

그림 10-1 디지털 자산의 규제

CFTC는 2017년에 비트코인을 상품으로 지정했는데, 이는 비트코인의 선물거래뿐만 아니라 사기 행위도 CFTC의 통제를 받는다는 의미였다. 이런 권위를 바탕으로, CFTC는 두 종의 비트코인 선물을 발행하고 합법적인 스와프를 허용했다.[3]

미국 국세청도 2017년에 비트코인에 대해 자세한 검토서를 작성했다. 국세청 입장에서 볼 때 비트코인은 재산이다.[4] 비트코인을 거래해서 생긴 이익이 과세 대상이라는 의미다. 마찬가지로 단순히 보유하는 것만으로도 손익에 대해 고정세가 발생한다.

주(州) 정부의 규제도 암호화폐를 인정하는 방향으로 진행되었다. 버몬트주는 블록체인상에서의 거래 기록을 법적 증거로 허용했고, 다른 주들은 암호화폐 플랫폼을 홍보하기까지 했다. 델라웨어주는 기업들이 블록체인 시스템을 통해 주식을 발행하는 것을 허용했다. 각 주들이 연방법을 어떻게 다뤄야 하는지를 지도하기 위해 마련된 전국 회의에서도 각 주 정부가 관할 구역 내에서 암호화폐 기업들을 허용할 수 있다고 판단했다.

2017년 암호화폐에 대한 입장을 밝힌 또 다른 부처는 재무부다. 미국 경제의 안정을 유지하는 데 초점을 맞추고 있는 재무부 내에는 금융범죄단속네트워크(FinCEN)라는 부처가 있다. 재무부 내에서 암호화폐를 규제하는 역할을 담당하고 있는데, 2017년에 암호화폐를 미국에서 법정통화로 인정하지 않기로 결정했다. 하지만 재무부는 암호화폐가 미국 경제에 안전한지를 조사할 것이라고 말했다.[5]

미국 정부의 암호화폐에 대한 규제는 2017년 비트코인 거품 이

주	우대 업종
와이오밍주:	보호 관리 서비스, 암호화폐 기업
콜로라도주:	암호화폐 기업, 농업(잠재적)
오하이오주:	암호화폐 기업, 세금, 부동산 중개업(잠재적)
텍사스주:	암호화폐 채굴, 소비자 보호
캘리포니아주:	암호화폐 기업, 소비자 보호

그림 10-2 '암호화폐에 우호적인' 상위 5개 주

후 흥미로운 길을 걸었다. 암호화폐는 2017년에 많은 재정적 투기를 촉발했지만 거품이 터진 이후에 단순한 유행 이상임이 입증되었다. 그런데도 미국 정부는 암호화폐가 아직 입증할 것이 많다는 판단에 따라 완전히 안심할 수 없다는 입장을 보여왔다. 그러나 암호화폐가 점점 더 많이 받아들여지고 있기 때문에 미국 정부의 규제는 이제 시작에 불과하다고 할 수 있다.

암호화폐를 수용하는 유럽 국가들

유럽은 암호화폐에 대해 독자적인 노선을 취했다. 암호화폐를 거래하는 유럽연합 내의 모든 회사는 그 화폐의 발신자와 수신자를 등록해야 한다. 이 정책은 암호화폐를 이용한 불법 거래를 줄이기 위해 도입되었다. 2021년 7월 현재, 유럽연합 관할 구역에서 암호화폐를 거래하려면 자신의 이름, 주소, 생년월일, 회사 고유의 계좌번호를 등록해야 한다.[6]

유럽에서는 독일이 암호화폐를 적극적으로 수용하고 있다. 독일에서는 암호화폐를 1년 이상 보유하면 세금이 부과되지 않는다. 이 때문에 베를린을 유럽의 암호화폐 수도라고 부르기도 한다.[7]

관대한 은행법으로 유명한 스위스에서는 블록체인법이 통과되었다. 기업들이 정부의 간섭 없이 블록체인 부문에서 마음껏 혁신하고 암호화폐를 만들 수 있도록 허용하는 법이다.[8] 유럽의 기업가들이 암호화폐를 대환영하는 기운이 대서양을 건너 미국까지 이어지면 암호화폐에 대한 유럽의 개방성이 미국을 혁신으로 이끌지도 모른다.

중국의 발 빠른 움직임: 디지털 위안화와 비트코인

비트코인은 지난 몇 년 동안 자신이 전통적인 법정통화를 대체할 수 있고 또 대체해야 한다는 것을 증명하기 위해 힘든 전투를 해왔다. 중국에서도 그런 전투가 실제로 벌어지고 있다. 비트코인과 달리 이 화폐는 중국 정부가 발행하는 것으로, 중앙은행 디지털 통화

(CBDC)라고 불린다.

비트코인과 CBDC의 중요한 차이점은 CBDC는 분산형이 아니라는 것이다. 물론 이외에 다른 주요 차이점이 있지만, CBDC는 네트워크 체인에 저장되지 않는다. 그러니까 CBDC는 암호화폐이긴 하지만 국가 중앙은행에 의해 저장, 배포, 관리된다는 것이다. CBDC와 관련하여 또 한 가지 알아야 할 점은 그것이 스테이블 코인이 아니라는 것이다. CBDC는 그 나라의 국가 통화와 연결된 디지털 화폐가 아니라 그 나라의 실제 통화다.

CBDC의 이점은 어쨌든 그 나라 정부의 지원을 받고 있다는 것이다. 현재는 중앙은행이 돈을 유통하고 싶을 때 새로운 돈을 찍어내면 시중은행의 은행준비금이 늘어난다. 시중은행들은 부분지급준비제도를 통해 그 돈을 소비하고, 마침내 새로 찍은 돈이 시중 경제로 흘러 들어간다. 그러나 CBDC를 사용하면 새로운 돈이 중앙은행에서 시민들의 디지털 '주머니'로 직접 송금될 수 있다.

중국의 CBDC는 '디지털 위안화'로 알려져 있다. 2020년 4월 처음 만들어졌고, 이후 2,080만 명의 중국 시민이 직접 디지털 위안화 지갑을 만들었다. 디지털 위안화는 현재 중국의 11개 도시와 성(省)에 지급되었고, 거의 7,100만 건의 거래가 순조롭게 이루어졌다. 중국 정부가 디지털 위안화를 발행한 목표가 여러 가지 있다. 첫 번째는 현금을 완전히 대체하는 것이다. 중국인민은행은 중앙집중식으로 디지털 위안화를 통제하는데, 이는 중앙은행이 통화정책에 더 많은 영향을 미치고, 임의로 계좌를 동결하고, 송금 오류를 고칠 수 있다는 의미다. 암호화폐의 분산성과 익명성을 고려하면 기존의 다른 암호화폐로서는 할 수 없는 일이다.

그러나 디지털 위안화의 보이지 않는 진짜 목표는 미국 달러화의 글로벌 지배력을 약화하는 것이라는 관측이 지배적이다. 오늘날 디지털 위안화는 주로 중국 내의 거래에만 사용된다. 특히 코로나19 대유행 기간 동안 소매 거래를 간소화하고 더 많은 경제활동을 촉진하는 방법으로 사용되고 있다.

2019년 세계 무역 규모는 19조 달러를 넘어섰다. 달러화는 제2차세계대전이 끝난 이후 지난 75년 동안 세계에서 가장 큰 준비통화(기축통화)로 군림해 왔다. 이는 미국 경제의 성장과 전반적인 강세에 기인한다. 미국은 언제나 부채를 갚을 것이라는 믿음이 전 세계적으로 인식되어 있기 때문에 미국 달러화는 한 나라의 외환보유고에서 가장 안전한 통화이다. 달러화가 글로벌 기축통화라는 것은 전 세계 중앙은행들이 많은 양의 달러를 보유하고 있다는 의미다. 국제 무역 거래를 할 때 달러를 보유하고 있으면 다른 통화로 환전할 필요가 없기 때문이다. 미국 달러화는 전 세계 외환보유고의 약 60%를 차지하며, 전 세계 거래의 75%에 사용된다.[9]

무역을 하기 위해 각국이 달러를 보유해야 한다는 사실만으로도 달러의 수요가 높아진다. 따라서 미국이 매우 저렴하게 (낮은 이자로) 돈을 빌릴 수 있고, 이로 인해 달러는 높은 가치를 유지할 수 있다.

이런 상황에서 중국이 디지털 위안화로 국경을 넘나드는 거래를 한다면 세계의 준비통화로서 달러와 경쟁할 수 있는 잠재력을 갖

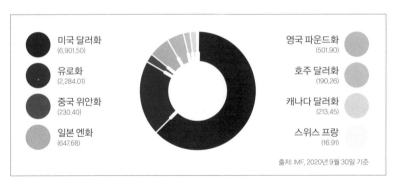

●	미국 달러화 (6,901,50)	영국 파운드화 (501,90)	
●	유로화 (2,284,01)	호주 달러화 (190,26)	
●	중국 위안화 (230,40)	캐나다 달러화 (213,45)	
●	일본 엔화 (647,68)	스위스 프랑 (16,91)	

출처: IMF, 2020년 9월 30일 기준

그림 10-3 전 세계 통화별 외환보유고(2020년 2분기)

게 된다. 중국의 목표는 더 효과적으로 무역을 하기 위해 다른 나라들에게 위안화 보유량을 늘리도록 잠재적으로 압박하고 달러화의 지배적인 지위를 떨어뜨리는 것이다. 2020년에 위안화는 전 세계 외환보유고의 2%에 불과했지만, 그해에 미국의 GDP는 약 3% 감소한 반면 중국은 2% 성장했다. 결국 중국은 세계 경제에서 점점 더 큰 역할을 하기를 열망하고 있으며, 디지털 위안화가 이를 달성하기 위한 수단이 될 수 있다고 생각한다.

디지털 위안화의 또 다른 중요한 측면은 암호화폐의 영향력이 커지는 데 기여했다는 것이다. 암호화폐는 현대사회에서 통화의 역할을 더 향상시킬 수 있다. 반면 정부는 암호화폐가 국가 통화의 완전성을 해칠까 우려하고 있다. 현재 각국은 이 문제에 대해 나름대로 접근하고 있지만, 현재로서는 중국이 가장 적극적으로 앞서 나가고 있다.

하지만 중국의 이러한 개입은 양날의 칼이다. 중국 정부가 비트

166

그림 10-4 디지털 위안화는 16조 달러에 달하는 전 세계 달러 예치금을 대체할 수 있을까?

코인을 규제하기 시작한 것은 2013년이었다. 비트코인의 가격이 막 1,000달러에 도달했을 때였다. 기존의 금융 시스템에서는 이것을 여전히 '거품'으로 보았고, 대부분의 일반 대중들은 아직 이 새로운 형태의 화폐를 잘 알지 못했다. 그러나 중국 정부는 일부 시민들이 비트코인을 결제수단으로 사용하고 있다는 것을 알아챘고, 중국인민은행은 은행이 비트코인으로 거래하는 것을 허용하지 않을 것이라고 발표했다.

2017년 비트코인 가격이 폭등하면서 주류 언론과 일반 국민들의 관심을 끌기 시작하자, 중국은 국내의 암호화폐 거래소를 전면 금지했다. 암호화폐를 교환할 수 있는 플랫폼은 더 이상 중국에 기반을 둘 수 없었다. 이 금지령으로 인해 세계 최대 거래소 중 하나인 바이낸스(Binance)는 케이맨제도로 본사를 이전해야 했다.

중국은 2021년 5월에는 금융기관과 결제 서비스의 암호화폐 거래도 전면 금지했다. 두 산업이 고객에게 제공하는 어떤 서비스도 암호화폐로 결제할 수 없다는 의미다. 당시에는 비트코인과 암호화폐 시장의 70%를 중국이 차지하고 있었다.[10] 중국은 위안화를 글로벌 통화로 만들기 위해 심혈을 기울여왔는데, 이런 금지 조치는 새로운 암호화폐들로 인해 위안화가 훼손될 것이라는 두려움에서 비롯된 것이다.

암호화폐는 정부가 통제할 수 없는 유입과 유출 기회를 스스로 만들기 때문에 중국 정부가 위안화를 보호하기 위해서는 모든 암호화폐를 제재할 수밖에 없다. 또 암호화폐 거래와 소유권의 대부분이 중국에 있기 때문에 불안정한 투기 거래가 국가 경제에 더 큰 혼란을 초래할 것이라는 우려도 있었다.

마침내 중국 정부는 2021년 9월 24일, 자국 내 모든 암호화폐 거래와 비트코인 채굴을 전면 금지하기로 결정하면서 제재의 절정에 달했다. 이것은 분명히 암호화폐에 대한 공격적인 반대 심리에서 비롯된 것처럼 보였지만, 이와 동시에 중국 정부는 디지털 위안화의 사용을 중국 전역으로 빠르게 확산시켰다.

중국 정부는 암호화폐가 위안화의 권위를 훼손하는 것을 원치 않았지만 블록체인으로 운영되는 화폐의 이점을 확실히 인식하고 있었다. 정부가 발행한 디지털 화폐는 정부가 자금 이체를 처음부터 끝까지 추적할 수 있다. 디지털 화폐의 이런 기능은, 특히 시민들

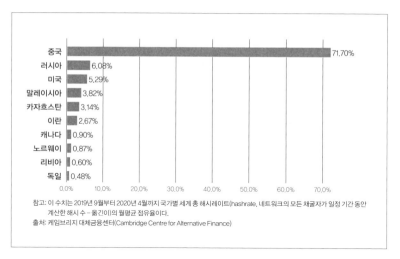

중국 71.70%
러시아 6.08%
미국 5.29%
말레이시아 3.82%
카자흐스탄 3.14%
이란 2.67%
캐나다 0.90%
노르웨이 0.87%
리비아 0.60%
독일 0.48%

0.0% 10.0% 20.0% 30.0% 40.0% 50.0% 60.0% 70.0%

참고: 이 수치는 2019년 9월부터 2020년 4월까지 국가별 세계 총 해시레이트(hashrate, 네트워크의 모든 채굴자가 일정 기간 동안 계산한 해시 수 - 옮긴이)의 월평균 점유율이다.
출처: 케임브리지 대체금융센터(Cambridge Centre for Alternative Finance)

그림 10-5 중국, 비트코인 채굴 컴퓨팅 전력 소모량에서 세계 1위

을 중앙집중식으로 통제하려는 중국 정권에게는 굉장히 매력적이다. 2021년 6월, 비트코인 채굴에 사용되는 컴퓨팅 전력 소모량에서 중국이 세계 1위를 차지했다는 점에 주목할 필요가 있다.

11장
블록체인 기술 규제에
대한 우려

블록체인 기술의 적용은 실로 무궁무진하기 때문에 블록체인 사용과 관련된 기술 규제에 대해서는 여러 가지 우려가 많다. 11장에서는 블록체인 기반 토큰을 사용했을 때 기술적 우려 사항과 해당 기관의 규제에 대해 설명할 것이며, 부동산과 핀테크 거래, 그리고 리플(Ripple), 메타의 디엠 등 대표적인 암호화폐 프로젝트의 주요 활용 사례를 간략히 소개한다.

그리고 개인정보보호, 보안, 암호화폐 규제, 과세 등 몇 가지 규제 사항에 대해 간단히 설명하고, 미국 증권거래위원회, 연방거래위원회(FTC), 금융범죄단속네트워크(FinCEN), 국제자금세탁방지기구(FATF) 등 다양한 미국 기관의 역할을 알아본다.

마지막으로 스마트 계약을 선도하는 블록체인 플랫폼 이더리움을 중심으로 스마트 계약에 대해 더 깊이 살펴볼 것이다. 그리고 이더리움 기업연합(EEA, Enterprise Ethereum Alliance, 이더리움 기반의 블록체인 애플리케이션의 표준을 정하는 단체 – 옮긴이)의 토큰 분류 체계(TTF)도 함께 소개한다.

관할권의 문제

블록체인은 개방형(public)과 폐쇄형(private)으로 나눌 수 있다. 개방형 블록체인은 다시 무허가형 공개(public and permissionless)와 허가형 공개(public and permissioned)로 구분된다.[1] 무허가형 공개 블록체인에서는 누구나 네트워크에 가입할 수 있다. 반면 허가형 공개 블록체인에서는 하나의 노드로서 시스템에 진입하려면 허가를 받아야 하고, 어느 구성원이 그 관리 방식에 기여할 수 있는지를 소유자가 지시한다. 물론 2가지 모두 개방형 블록체인이므로 모든 구성원이 네트워크를 볼 수 있다.

폐쇄형은 컨소시엄 형태와 허가형 폐쇄(private permissioned) 블록체인으로 구분된다. 일련의 인증된 구성원들만 컨소시엄을 볼 수 있으며, 승인된 구성원만 컨소시엄 네트워크에 가입할 수 있다. 허가형 블록체인은 노드들을 전혀 볼 수 없거나 권한이 있는 일부 노드들만 볼 수 있다. 그리고 네트워크 운영자만 네트워크를 변경할 수 있다.

개방형 블록체인과 폐쇄형 블록체인 모두 분산된 네트워크에서 발생하는데, 이는 노드가 전 세계에 걸쳐 존재할 수 있다는 의미다. 따라서 네트워크상의 거래가 여러 관할 구역(국가)에서 일어날 가능성이 높으며, 이 거래들이 다양한 법률과 규제에 맞닥뜨리게 된다.[2]

개방형이든 폐쇄형이든 여러 관할권을 넘나드는 것은 불가피하지만, 폐쇄형 블록체인 시스템은 내부 관리 방식과 합법적 체계를 구축해 거래를 지시함으로써 그 영향을 최소한으로 줄일 수 있다.

개인정보보호와 보안

개인정보보호 책임은 유럽연합의 개인정보보호법(GDPR, General Data Protection Regulation)의 필수적인 부분이다. 이 법은 개인정보 데이터를 통제하는 당사자가 누구인지 분명히 정의하고, 그 당사자에게 개인정보보호에 대한 책임을 의무화하고 있다.

블록체인을 GDPR과 비교해 보자. 첫째, 블록체인은 탈중앙화를 위해 네트워크 내 모든 참여자에게 데이터를 분산시킨다는 내재적 속성을 가지고 있다. 둘째, 블록체인의 데이터는 변경할 수 없기 때문에 네트워크에서 데이터의 완전성을 유지한다.[3] 당사자에게는 반드시 컨트롤러와 프로세서가 설정되어 있다. 컨트롤러는 데이터가 어떻게 처리될지를 지시하는 구성원들을 의미한다. 반면 프로세서는 컨트롤러의 데이터를 처리하는 당사자다. 표준 클라우드 컴퓨팅 프로토콜에서는 데이터를 업로드하는 개인이 컨트롤러로 간주되고 클라우드 시스템의 운영자는 프로세서가 된다.

대부분의 블록체인은 당사자 간 네트워킹과 함께 작동하는데, 컨트롤러와 프로세서를 쉽게 알 수 없다는 의미다. 예를 들어 블록체인이 기능하는 데 필요한 알고리즘을 실행하는 다양한 노드들이 프로세서로 간주되는 듯 보인다. 그러나 노드는 개인 데이터를 처리하는 것이 아니라 계산을 수행하여 추가 블록을 생성한다는 점에서 GDPR에 따른 프로세서로 간주되지 않는다.[4]

허가형 폐쇄 블록체인은 블록체인 기술이 컨트롤러와 프로세서를 결정하기 때문에 GDPR이 정한 기준을 충족하는 가장 좋은 방법이다. 이런 블록체인에서는 네트워크 구성원 또는 일련의 구성원들이 블록체인의 운영자가 될 수 있으며, 그들이 컨트롤러와 프로세서를 결정할 수 있다. 예를 들어 그들은 자신들의 노드들이 동일한 관할 구역 내에 위치하도록 요구할 수 있다. 이런 특정 노드들이 프로세서가 되고 데이터를 업로드하는 개인들은 컨트롤러가 되는 것이다. 이 경우 사용자가 유해 파일을 업로드하는 것을 금지하는 등의 추가 제한을 할 수도 있다.

블록체인 기술의 불변성과 출처 인증에는 더 많은 보안 기능이 담겨 있다. 이러한 특성들을 종합하면 블록체인 네트워크에 저장된 데이터를 조작하는 것이 거의 불가능하다. 게다가 블록체인의 운영을 위한 최고의 연산력은 수많은 노드들에 분산되어 있다. 따라서 이 연산력을 탈취하려면 시스템이 외부 요인에 의해 변경되어야 하는데, 이는 매우 어려운 일이다.

암호화폐에 대한 규제와 과세

미국 연방 기관들은 2021년 11월 현재 시가총액 2조 8,000억 달러가 넘는 암호화폐를 어떻게 규제할 것인가에 대해 논쟁을 벌여 왔다.[5] 첫 번째 질문은 절대 가치가 없는 통화인 암호화폐가 SEC 관할에 속하느냐는 것이었다. 법원 기록에 따르면 대답은 '그렇다'이다. 2021년 9월, 정보공개법(FOIA)의 요청으로 SEC가 암호화폐 테더(Tether)와 테더 운영사를 조사할 수 있다는 사실이 밝혀졌다. 테더(USDT)는 블록체인 기반의 암호화폐다. 테더는 미국 달러에 의해 뒷받침되는 스테이블 코인이다. 스테이블 코인의 가치는 지정된 은행 계좌에 보관되어 있는 달러, 유로 또는 일본 엔 등의 전통적인 법정 통화에 따라 움직인다.[6]

2021년 5월, SEC의 게리 겐슬러(Gary Gensler) 위원장은 암호화폐 거래소에 대해 더 많은 규제를 가해야 한다고 밝혔다. 고전적 투자 토큰과 동일한 방식으로 발행되는 암호화폐 토큰은 SEC의 관할에 속한다.[7]

경제 전문 방송 CNBC의 웹사이트에 따르면, 미국 국세청(IRS)은 비트코인 같은 가상화폐를 자산으로 취급하며, 주식이나 부동산 같은 자산처럼 세금을 부과한다고 명시하고 있다. IRS는 암호화폐를 가상자산으로 지칭하며, 다른 자산 거래와 마찬가지로 암호화폐 거래에 대해서도 법적으로 과세한다.

예를 들어 비트코인 하나를 1만 달러에 사서 5만 달러에 팔면 4만 달러의 시세차익이 과세 대상이 된다. 가상화폐를 거래하는 납

세자는 세금 신고서에 해당 거래를 신고해야 한다. 암호화폐를 가상화폐로 분류하면 실제 통화로 교환하거나 대체재로 사용할 수 있기 때문에 세무회계가 더 복잡해진다.[8] 회계사들은 암호화폐가 어떻게 과세될 것인지 알기 위해 이런 분류를 계속 주시해야 한다. 이 개념은 비교적 간단하지만, 무엇이 '과세 가능한 사건'인지 항상 명확한 것은 아니다.

CNBC 웹사이트는 2021년 5월, '암호화폐, 심각한 탈세 위험 제기'[9]라는 제목의 기사에서 미국 재무부가 부유층 미국인들이 세금을 피하기 위해 과세 자산을 암호화폐로 전환하고 있음을 예의 주시하고 있다고 지적했다. 바이든 행정부의 과세 정책 의제를 정리한 재무부 보고서에 따르면 "암호화폐가 이미 탈세를 포함한 광범위한 불법 활동을 조장함으로써 심각한 문제를 제기하고 있다."[10]는 것이다. 이것은 암호화폐에 대한 적절한 세금 규제를 위해서는 해결해야 할 문제가 많다는 것을 보여준다.[11]

워싱턴의 국회의원들은 암호화폐 규제라는 까다로운 주제에 대해 한동안 고심해 왔고, 재닛 옐런(Janet Yellen) 재무장관부터 게리 겐슬러 SEC 위원장에 이르기까지 고위 인사들 모두 암호화폐에 대해 더 많은 감독이 필요하다고 말한다.

현재(2021년 중반) 인기 있는 암호화폐 거래소인 코인베이스는 연간 200건 이상의 주문을 내고 주문 총액이 2만 달러가 넘는 고객들에게는 1099 - K 양식(제3자 결제 네트워크 송금 기록 보고 양식 - 옮긴이)을 발급하고 있다.

미국 내 암호화폐 거래소는 은행비밀보호법(BSA)의 규제 범위에 속하며, 금융범죄단속네트워크(FinCEN)에 등록해야 한다. 암호화폐 거래소는 자금세탁과 테러 자금 조달 방지 의무도 준수해야 한다.[12]

연방거래위원회

연방거래위원회(FTC)는 미국 경제의 경쟁을 촉진하는 한편, 미국 소비자를 보호하는 데 초점을 맞추는 초당적 연방정부 기관이다.[13] FTC는 기만적이거나 사기적인 관행 같은 민간 부문의 독과점 금지에 대한 관할권을 가지고 있다. FTC의 독과점금지법 집행은 시장을 개방적이고 자유롭게 유지하는 데 도움이 된다.[14]

2015년 6월, FTC는 암호화폐 관련 첫 번째 소송을 발표했다.[15] 프라이즈드(Prized)라는 스마트폰 보상 앱과 관련된 사건이었다. 프라이즈드는 사용자들이 앱에서 게임을 하면 옷이나 기프트 카드 같은 실제 아이템을 살 수 있는 코인을 얻을 수 있다고 광고했다.[16] 그러나 사용자들은 게임에서 받은 코인으로 아무것도 살 수 없었다. 오히려 그 앱이 사용자들의 스마트폰에 악성 소프트웨어를 설치해 놓고 도지코인(Dogecoin), 라이트코인(LiteCoin), 쿼크코인(QuarkCoin) 같은 가상화폐를 채굴하도록 강요했다. 이 소송은 뉴저지 연방법원에 제기되었고 앱 개발자들이 합의금을 지불하는 것으로 종결되었다.

첫 번째 사건이 터지자 FTC는 계속 수십 건의 사건을 연속으로 제기했다. 2021년 5월 현재, FTC 데이터는 암호화폐 관련 투자 사기가 급증하고 있음을 보여준다.[17] 소송 사건이 증가하면서 FTC는 새

로운 산업을 분류하게 되었는데, 그것이 바로 금융 기술, 즉 핀테크 산업이다.[18]

핀테크에 대한 FTC의 관할 범위에는 모바일 결제, 크라우드 펀딩, 가상화폐, 각종 애플리케이션, 전자상거래 사이트 등이 포함된다. FTC는 기만적 관행으로 소비자에게 해를 끼치는 기업을 엄격히 규제하는 것을 목표로 삼고 있다. 다만 핀테크 도구가 FTC의 관할권을 벗어나 미국 밖이나 알려지지 않은 주체에 의해 만들어지는 경우가 많은 것이 문제이다.

금융범죄단속네트워크

금융범죄단속네트워크(FinCEN)는 미국 재무부 산하 조직으로 금융 거래를 감시한다. 테러 자금 조달, 돈세탁, 기타 금융 범죄를 근절할 목적으로 1990년에 설립되었다.[19]

FinCEN의 주요 규제는 1970년에 제정된 통화 및 금융거래 보고법(Financial Transactions Reporting Act)에 따라 금융 범죄의 조기 발견과 억제에 중점을 두고 있다. 정부 기관들이 제시한 규정을 발행하고 해석하며, 그 조항의 집행을 지원하고, 보유하고 있는 정보를 범정부 차원에서 접속하도록 유지하는 것도 FinCEN의 임무에 속한다.

2001년 9·11테러 이후 이른바 애국자법(PATRIOT Act, Providing Appropriate Tools Required to Intercept and Obstruct Terrorism Act)이 시행되면서 FinCEN은 또 다른 책임을 맡게 되었다. 애국자법에는 연방 자금세탁방지(AML)와 테러방지금융(CFT) 프로그램들이 포함되어

감독하는 역할을 맡는다. FinCEN은 미국 정부의 금융정보분석원 (FIU) 역할도 담당하고 있다.[20]

　FinCEN은 2019년 5월이 되어서야 비로소 가상화폐로 송금하는 기업에 대한 규제 적용 가이드라인을 발표했다. 그리고 2021년 1월, 금융기관과 암호화폐 거래소들이 특정 디지털 통화 거래에 대한 기록 보관 및 보고를 의무화하는 새로운 제안을 발표했다.[21] 토큰을 교환 또는 관리하는 모든 기업들은 비록 증권거래위원회(SEC)나 상품선물거래위원회(CFTC)에 등록되지 않았다 하더라도 자금송금업체(MSB)로 등록해야 한다는 내용이다. FinCEN에 MSB를 등록하는 절차는 무료이며 양식 10715를 작성하면 끝난다. 그러나 FinCEN은 MSB가 은행비밀보호법(BSA)에 따른 기록 보관, 보고 및 AML 프로그램 요건을 준수하며, 의심스러운 활동을 보고해야 한다고 규정하고 있다.[22]

국제자금세탁방지기구

　국제자금세탁방지기구(FATF)는 1989년 파리에서 열린 주요 7개국(G7) 회의에서 국제 자금세탁과 싸우기 위한 목적으로 설립되었다.[23] 미국의 FinCEN처럼 FATF도 테러 자금 조달과 싸우기 위한 정책을 채택함으로써 그 범위가 확장되었다. 200개 이상의 국가가 참여하여 FATF가 제시하는 표준을 이행하기 위해 노력하고 있는데, 대부분 국제자금세탁방지(AML)와 테러방지금융(CFT) 규정들이다.

　FATF 회장은 매년 국가별로 돌아가며 맡고 있는데, 2019년에 미국의 마셜 빌링슬리Marshall Billingslea가 회장직을 맡으면서 가상화폐 규제에 초점을 맞출 것이라고 주장했다. 특히 가상자산 서비스 제공자(VASP, Virtual Asset Service Provider)들이 송금정보기록제도(travel rule)를 준수해야 한다는 지침을 개발했다.[24] 모든 VASP는 가상자산 거래에서 모든 송신자와 수신자의 신원을 확보할 것을 의무화한 것이다. 송금정보기록제도는 의심스러운 거래를 신고하고, 정보의 가용성을 모니터링하며, 특정 개인 및 단체의 거래를 동결하고 금지하는 데 필요한 발신자 및 수익자 정보를 획득, 보유, 전송하도록 규정하는 제도다.

FATF는 또한 모든 VASP는 설립된 관할 구역에 등록하도록 의무화한다. 관할 기관은 계속 모니터링하면서 의무를 위반할 경우 징계 조치로 제재하거나 VASP의 면허가 정지될 수 있다.

FATF는 2021년 10월에 2019년 버전의 가상자산 및 VASP에 대한 위험 기반 접근 지침을 업데이트하면서 각국이 가상자산 금융 활동 및 제공자와 관련된 위험을 평가하고 이를 완화할 의무가 있다는 규정을 추가했다. 이에 따라 각국의 관할 당국은 VASP 면허를 부여하거나 등록하는 한편, 계속 감독하고 모니터링해야 한다.[25]

스마트 계약

블록체인의 가장 일반적인 용도 중 하나는 스마트 계약을 실행하는 것이다. 스마트 계약은 조건부 자체 실행 계약으로, 기존의 계약 관행보다 효율적으로 이행할 수 있다. 스마트 계약은 계약의 실행만 다루며, 강제집행을 다루지 않는다. 따라서 법률적 계약의 모든 요소를 갖추었더라도 엄밀히 따지면 법적 구속력이 없다.[26] 스마트 계약이 법적 구속력을 가지려면 강제집행 수단으로 소송을 제기할 수 있어야 한다.

하지만 블록체인의 불변성으로 인해 스마트 계약이 당사자에게 불공정하다고 판단되더라고 수정이 거의 불가능하다. 블록체인에서 일단 구현되면 영구적이기 때문이다.

스마트 계약에서 블록체인의 불변성과 관련된 또 다른 문제는 의견 불일치나 갈등이 해결되기 어렵다는 것이다. 대부분의 불만 사항은 계약이 시작된 후에 발생한다. 스마트 계약에서 불만 사항이 발생하면 어떤 조치가 이루어져야 하는지에 대한 지침이 처음부터 포함되어야 한다는 의미다. 따라서 모든 당사자는 해당 스마트 계약에 대해 처음부터 완전히 이해해야 한다.

일반적인 계약을 다루는 변호사들은 스마트 계약을 완전히 이해하기 어려울 수 있다. 계약서가 컴퓨터 코딩 언어로 작성되기 때문이다. 따라서 영어로 작성된 계약서는 블록체인이 이해할 수 있는 다른 언어로 먼저 번역되어야 한다.

그런데 블록체인이 스마트 계약을 실행하기 위해 수많은 언어를 활용할 수 있다는 사실은 스마트 계약에 대한 불안감을 부채질할 수 있다. 당사자들이 계약 조건과 코딩 언어 모두에 정통한 대표자를 찾기가 더 어려워진다. 결과적으로 이런 사항에 정통한 제3자가 계약 개발에 관여하게 되고, 이로 인해 일부 고객은 스마트 계약을 신뢰하지 않을 수도 있다. 고객이 자신의 요구가 충족되고 있는지 확신하지 못하기 때문이다. 결국 당초의 대리인(변호사)이 계약 코드를 직접 읽을 수 없기 때문에 소프트웨어 엔지니어에게 계약 개발을 아웃소싱해야 한다.

이더리움 솔리디티

스마트 계약을 실행하기 위해 블록체인이 수많은 언어를 활용할 수 있다는 문제를 완화하기 위해 이더리움은 솔리디티(Solidity)[27]라는 범용적인 스마트 계약 코딩 언어를 구축했다. 솔리디티는 이더리움 블록체인 네트워크에서 사용할 스마트 계약을 만드는 객체 지향 프로그래밍 언어다. 솔리디티로 설계된 프로그램은 이더리움 가상머신(EVM)을 사용해 업로드함으로써 이더리움 블록체인에서 실행할 수 있다.[28] 업로드된 프로그램 또는 애플리케이션을 분산형 애플리케이션(dApps, 댑스)이라고 한다.

EVM으로 업로드된 댑스(dApps)는 런타임(run-time, 정상적으로 컴파일된 응용 프로그램이 실행 중인 때 – 옮긴이)이 아니라 컴파일 타임(compile-time, 사람이 이해하기 쉬운 자연어 형태를 기계어, 어셈블리어로 번역하는 과정 – 옮긴이)에서 프로그램을 처리하고, 이더(Ether)를 사용해 거래를 실행한다.[29] 이더는 프로그램 거래에 지불수단으로 사용하는 토큰이다. 그러니까 차량을 운행하는 데 필요한 연료와 같은 것이다.

이더리움 기업연합(EEA)은 2017년에 설립되었다. 이더리움의 블록체인 네트워크는 최근 몇 년간 큰 주목을 받으며 스마트 계약산업에 혁명을 일으키고 있다. 실제로 2021년 9월 현재 3,000개가 넘는 댑스가 블록체인상에서 구동되고 있다.

EEA는 마이크로소프트 같은 주요 기업들을 이더리움 블록체인과 연결한다. EEA의 임무는 오픈소스 표준이 되어 기업 배포 요구 사항을 해결하는 것이다. 오픈소스 플랫폼이기 때문에 한 회사가 만든 모든 코드는 다른 사람들이 볼 수 있다. EEA를 통해 대기업뿐만 아니라 중소기업도 기술 구축 비용을 절감할 수 있다.

현재까지 EEA는 45개 이상의 국가에서 500여 개가 넘는 기업들이 가입되어 있으며, 19분과의 기술, 산업 및 법률 자문 팀으로 구성되어 있다. EEA는 블록체인 스마트 계약 산업을 주도하는 주체로서 스마트 계약이 어떻게 작성되고, 이행되고, 법적으로 다뤄질 것인지에 대한 토대를 마련하고 있다. EEA는 이더리움 블록체인, 지식재산권 정책, 기밀·비공개 정책, 반독점 정책 등을 활용하기 위한 구체적인 규칙들을 갖추고 있으며, 고객알기제도(KYC)와 자금세탁방지(AML) 프로그램도 적극 지지하고 있다.

토큰 분류 체계

EEA의 가장 중요한 기여는 토큰 분류 체계(TTF)이다. TTF는 특정 토큰 용어를 요약하고 스마트 계약을 추진하는 데 사용할 수 있는 토큰을 생성하는 방법을 제공한다.[31] TTF는 다양한 목적을 위해 기업이 필요로 하는 특정 구성 요소를 요약한 토큰 정의를 기반으로 하고 있다.

TTF는 무료 소스 코드 공개 저장소인 깃허브에서 사용 가능하다. 개발자들은 언제든 이곳에서 TTF를 구할 수 있다. TTF에는 자동 코드 생성이 쉬운 토큰 템플릿이 포함되어 있으며, 검증과 인증이 가능하다.[32] 검증과 인증을 통과하면 모든 기업 개발자들이 이해할 수 있는 간단한 언어로 토큰의 구조와 용도를 설명하는 기준 문서가 각 토큰별로 작성된다.

TTF는 토큰에 대한 표준을 정하고 있으며, 많은 기업들이 채택하기 시작했다. 예를 들어 블록체인 개발회사 디지털 어셋(Digital Asset)은 DAML 스마트 계약에 TTF를 적용하기 시작했다. DAML은 개인정보를 보호하고 데이터의 완전함을 유지하며 엄격한 인증제를 시행하면서 비즈니스 프로세스와 데이터 경계에 걸쳐 기록을 안전하게 연결하는 시스템을 만들기 위해 디지털 어셋이 개발한 프로그래밍 언어다. 이런 시스템이 법, 규제, 조직 등 여러 경계를 넘나들 수 있도록 허용하면 원활한 경제 네트워크를 형성할 수 있다.[33] 마이크로소프트도 최근, 기업들이 자체 이더리움 토큰을 주조할 수 있도록 TTF가 애저 블록체인 토큰(Azure Blockchain Tokens)을 지원할 것이라고 발표했다.[34]

부동산 거래

블록체인 기술의 또 다른 적용은 부동산 거래다. 현재 부동산 매매와 양도에 대한 분쟁이 넘치고 있다. 주마다 다른 법령들이 너무 많고, 소유권이 소멸될 수 있는 부동산(defeasible estates)이 너무 많다.[35] 양도인이 명시한 사건이나 조건이 발생하면 양도 자체가 무효가 되어 소유권이 취소되는 것이다(이런 조건의 적용을 받지 않는 부동산을 '무효로 할 수 없는 부동산indefeasible estate'이라고 부른다). 역사적으로 관습법은 소유권이 소멸될 수 있는 부동산 사용에 난색을 표해 왔다. 소유자가 재산을 가지고 이익을 창출하기 어렵기 때문이다. 블록체인 기술은 공개 부동산 기록 시스템을 통해 이런 분쟁을 줄이는 데 도움이 된다. 구매자는 블록체인에 직접 소유권 증서를 등록할 수 있다. 그 증서에는 타임스탬프가 찍히고, 블록체인의 변조 방지 기능 때문에 증서를 다시 올리는 것은 불가능하다.

블록체인 부동산 기록 시스템은 부동산 소유자의 신원과 부동산 권리 증서를 확인하고 검증하는 데 필요한 모든 거래 출처를 제공할 수 있다. 이런 시스템을 금융기관과 통합하면 대출 기관들은 부동산 구매자들이 부동산 매매를 하는 데 필요한 자금을 가지고 있는지 확인할 수 있다. 전반적으로 이 시스템은 구매자와 판매자 모두를 보호한다.

일리노이주에서는 이미 부동산 매매와 양도를 추적하는 데 블록체인이 이용되고 있다.[36] 지금까지는 성공적으로 시행되고 있고, 잘못된 정보로 인한 법적 분쟁을 정리하는 데 도움이 되었다. 블록체인에 기록이 입력되면 언제든 추적할 수 있고 되돌릴 수 없기 때문에 부동산 관련 분쟁들을 가장 쉽게 해결할 수 있다.

이 시스템의 또 다른 이점은 부동산 물권 보험을 들지 않아도 된다는 것이다.[37] 부동산 물권 보험은 부동산 문서의 결함으로 발생할 수 있는 손실로부터 보호하는 일종의 손해보험이다.[38] 부동산 물권 보험의 비용은 다양하지만 대개 1,000달러가 넘는다.

스마트 계약은 블록체인 기록 유지 기능과 연계해 매매, 세금 납부 등을 자동으로 기록할 수도 있다. 스마트 계약은 일종의 에스크로를 사용해 판매자와 구매자에게 자금이나 자산을 믿을 수 있는지 검증하고 공개할 수 있다는 점을 증명한다.

스마트 계약은 지침을 코드화하여 현재 수작업으로 이루어지는 절차를 자동화할 수 있기 때문에 모기지 승인 및 결제에 걸리는 시간도 크게 줄일 수 있다.[39]

금융 거래

금융산업은 현재 중앙 당국의 통제로 운영되고 있어서 해커들은 중앙 당국 한 곳(단일 진입 지점)만 침입하면 목적을 달성할 수 있다. 중앙 당국이 해킹되어 돈이 인출되면 모든 은행의 고객들이 고통받는다. 금융기관에 대한 공격 위험을 줄일 수 있는 최선의 방법은 분산원장 기술, 즉 블록체인이다.

블록체인 기술은 네트워크 내의 수많은 노드들에 의존하기 때문에 해커가 공격할 단일 지점이 없다. 블록체인은 바꿀 수 없는 알고리즘을 사용함으로써 신뢰를 높인다. 이런 알고리즘은 네트워크 구성원이 모든 거래를 검증하기 때문에 오직 블록체인 시스템만 믿으면 된다. 상대방에 대한 신뢰나 제3자 보증이 필요 없는 이른바 신뢰 없는 신뢰(trustless trust)를 형성한다.[40] 블록체인은 금융기관의 중개 비용을 없앨 수 있다. 특히 국제거래에서 비싼 중개수수료는 거래 비용을 높이는 주원인이다. 또 블록체인을 통한 거래는 각 노드에서 지속적으로 업데이트되기 때문에 데이터 손실이나 변조 위험이 거의 없다.

익명성의 문제

블록체인 네트워크의 사용자는 공개 키로 식별되는데, 신원이나 위치를 아는 것과 다른 개념이다. 게다가 사용자는 항상 새로운 공개 키를 만들 수 있고, 심지어 디지털 지갑을 새로 만들 수도 있다. 이 같은 블록체인 네트워크의 익명성으로 인해 법 집행기관이 금융 범죄를 조사하기가 매우 어렵다.[41]

블록체인 네트워크를 확신하려면 익명성 문제를 해결해야 하는데, 규제 자체가 블록체인의 근간에 어긋나는 일이다. 블록체인 네트워크에는 합의 알고리즘이 사용되기 때문에 데이터를 유출할 가능성은 매우 낮다. 합의 알고리즘에서 위반이 일어나려면 전체 네트워크의 최소 51%를 확보해야 한다.

블록체인 기술에서 개인정보를 보호하는 가장 좋은 방법은 개인 신원 허브(152쪽 참조)를 이용하는 것이다. 개인 신원 허브는 사용자 운영 방식이기 때문에 데이터 소유자만이 데이터를 언제 어디서 공개할지 선택할 수 있다. 신원 확인을 위해 제3자가 필요 없으므로 개인정보를 확실하게 보호할 수 있다.

리플(RXP)

리플은 3~5초 안에 거래를 마무리할 수 있는 오픈소스의 무허가형 분산 폐쇄 원장이다. 동시에 리플 원장이 사용하는 토큰의 이름이기도 하다. 리플 토큰을 표시하는 종목 코드는 XRP[42] Ripple이다. 리플은 블록체인을 가지고 있지는 않지만, 대신 리플 프로토콜 컨센서스 알고리즘(RPCA)이라는 자체 특허 기술을 보유하고 있다.[43]

RPCA는 기존의 블록체인이 갖고 있는 긴 대기 시간을 줄임으로써 비잔틴 장군 문제(122쪽 참고)를 해결한다. 대기 시간은 지연의 척도다. 네트워크에서 대기 시간은 데이터가 목표 지점에 도달하는 데 걸리는 시간이다. 모든 노드가 동시에 교신해야 하기 때문에 표준 블록체인에서는 긴 대기 시간이 발생한다.

RPCA에서 합의 알고리즘은 주 네트워크 내의 하위 네트워크를 사용함으로써 대기 시간이 길어지는 것을 방지한다. 하위 네트워크는 리플이 검증자를 호출하는 선택된 구성원 노드로 구성된다. 네트워크에는 150개 이상의 검증자가 있는데, 그중 35개 이상이 기본 유니크 노드 리스트(Unique Node List)에 있다. 리플은 이 노드 중 6개를 실행한다.

리플 토큰(XRP)은 중앙의 중개자 없이 직접 보낼 수 있기 때문에 환전에 이상적이다. 거래수수료가 상대석으로 저렴하며, 스페인의 산탄데르 은행(Santander Bank), 인도의 액시스 은행(Axis Bank), 호주의 웨스트팩 은행(Westpac Banking Corp.), 유니언 크레딧(Union Credit) 등 여러 주요 은행이 XRP를 지원한다. XRP는 이미 전부 채굴되었는데, 리플 개발자들이 한 번에 얼마나 많은 코인을 방출하거나 보류할지 결정할 수 있다는 의미다. 이러한 중앙집중화로 인해 리플은 현대의 은행과 같은 기능을 할 수 있다.

리플은 암호화폐에 대한 규제가 금융기관들의 토큰 채택을 늘리는 것은 물론, 규제 미비로 인해 미뤄진 시장에 신규 투자자를 불러올 것으로 보고 오히려 당국의 규제를 지지하고 있다.

당국의 규제 강화로 리플이 얻을 수 있는 가장 큰 장점은 빠른 해외 이체다. 현재 국제 송금은 각국 정부에 의해 규제되고 있기 때문에 송금 비용이 환율과 각국의 수수료에 따라 달라진다. 리플은 각 통화의 환율을 결정하는 국제 체계를 세울 것을 적극 추진해 왔다. 그런 체계에서 리플의 사용을 크게 늘릴 수 있을 것이라고 판단하기 때문이다.

디엠

디엠[44]은 페이스북이 만든 디지털 화폐이다. 디엠 결제 시스템은 블록체인 기술을 기반으로 구축되었기 때문에 공개적이고 즉각적이며 저비용으로 자금 이동이 가능하다. 디엠의 목표는 누구나 금융 서비스에 접근해서 저비용으로 즉각적으로 돈을 보내고, 받고, 쓸 수 있게 하는 것이다. 페이스북은 디엠을 은행계좌를 개설할 수 없는 전 세계 17억 명이 넘는 사람들을 돕기 위한 글로벌 통화 및 금융 인프라라고 정의한다. 이 토큰은 스테이블 코인을 지향하고 있는데, 기존의 일반적인 암호화폐보다 변동성이 적다는 뜻이다.

디엠은 구체적인 규정을 준수하기 위해 전 세계의 정책 입안자들과 협력하기로 결정했다. 그래서 자금세탁방지(AML)와 테러방지금융(CFT) 프로그램을 준수하기 위해 사법 당국과도 협력한다. 디엠과 법 집행기관의 파트너십으로 인해 블록체인을 적극 지지하는 사람들은 네트워크상의 개인정보보호에 의문을 갖게 되었다. 하지만 디엠은 AML과 CFT가 요구하는 정보 외에는 어떠한 개인정보도 네트워크에 저장되지 않는다는 확신을 심어주었다.

디엠 블록체인 이용자에게는 개인 신원과 관련 없는 사용자 계정이 제공되었다. 공개 키는 네트워크에서 교신하기 위해 사용하며, 거래가 이루어질 때 네트워크의 모든 사용자가 볼 수 있다. 체결된 거래에서는 발신자의 공개 키뿐만 아니라 수신자의 공개 키도 타임스탬프와 거래 금액과 함께 표시된다. 디엠 연합(Diem Association)은 제3자 감사를 위해 모든 사람이 이용할 수 있는 공개 정보에 대한 접속권만 갖게 될 것이다.

디엠 프로젝트, 암호화폐 디엠, 디엠을 이용한 거래 등 모든 사항은 결제, 기술, 통신, 온라인 장터, 벤처캐피털, 비영리 단체 등 각 분야의 회원들로 구성된 디엠 연합에 암호로 표기되어 위탁 관리된다.

12장
빈곤 완화를 위한
기술 제안

이 장에서는 소셜 마켓플레이스(Social Marketplace)라고 부르는 혁명적인 새로운 교환 시장이 어떻게 빈곤 완화의 촉매제가 될 수 있는지를 보여준다. 간단한 시나리오를 통해 빈곤을 완화하기 위한 기술에 대해 설명한다. 내가 제안하는 기술이 소셜 마켓플레이스에서 새롭고 혁신적인 교환 매체임을 보여줄 것이다.

소셜 마켓플레이스에서는 자체적으로 통용되는 소셜 통화로 누구나 제품과 서비스를 판매할 수 있다. 이 새로운 교환 방법은 표준 측정 단위를 제공하고, 전통적인 거래와 물물교환을 다시 도입함으로써 제품과 서비스를 사고파는 데 있어서 개인의 힘을 강화할 것이다.

앨리스와 밥은 자신의 사업을 발전시키기 위해 자본 조달을 모색하는 스타트업을 운영하고 있다. 그들은 소셜 마켓플레이스에서 이용할 수 있는 몇 가지 옵션에 관심이 많다.

1. 시장에 있는 다른 거래자들에게 상품과 서비스를 구입하는 데 필요한 소셜 암호화폐(SCC, Social Cryptocurrency)를 충분히 빌린다.
2. 소셜 마켓플레이스 내에서만 사용할 수 있다는 점을 염두에 두고, 법정통화로 SCC를 구매한다.
3. 상품 및 서비스의 표준 가치 단위로 SCC를 사용하여 다른 거래자와 거래하는 경우

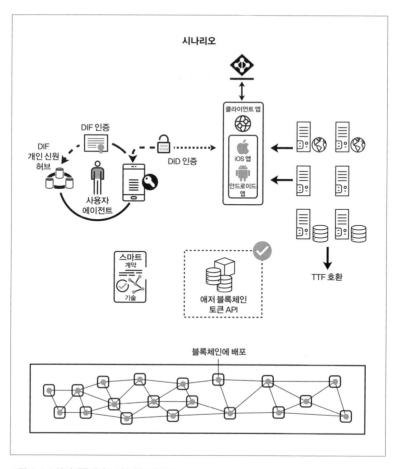

그림 12-1 소셜 마켓플레이스 기술 인프라 구조

1. 앨리스와 밥은 적은 금액으로 책정된 연간 구독료를 지불하고 소셜 마켓플레이스에 거래자 등록을 한다.

2. 거래자 등록을 하면 환영 패키지의 일환으로 블록체인 기반의 분산 ID(DID)를 받고 개인 디지털 신원 허브에 접속한다. 디지털 신원 허브는 그들의 디지털 ID와 모든 공식 문서 및

기록을 비공개로 안전하게 저장하는 곳이다. 이들은 허브에서 자신의 데이터와 ID를 보유하고 통제하면서 다른 사람, 앱, 기업들과 안전하게 공유할 수 있다.

3. 밥은 소셜 마켓플레이스에 있는 은행(소셜 은행)에서 1만 달러 상당의 SCC 대출을 신청하고, 소셜 은행은 즉시 매우 낮은 금리로 이를 승인한다. 소셜 은행은 온라인 대출 플랫폼인 키바(Kiva)가 운영하는 대안 신용평가국에서 밥의 신용을 확인했다.

4. 앨리스도 소셜 마켓플레이스에서 법정통화 8,000달러를 지불하고 SCC를 구매한다. 앨리스는 구입한 SCC를 은행에 예치한다. 은행도 부분지급준비제도를 활용해 지역사회를 위해 더 많은 SCC를 창출할 수 있기 때문에 이익을 얻는다.

5. SCC는 미국 달러 가치와 1:1로 연계되어 있다. SCC는 변동성이 큰 암호화폐 시장에서 많은 사람들이 원하는 안정성을 제공하기 위해 설계된 스테이블 코인이다.

6. 앨리스와 밥은 소셜 마켓플레이스에 자신들의 제품과 서비스를 올려 다른 회원들에게 판매할 수 있다.

7. 앨리스는 캐나다로 여행을 갈 계획이다. 캐나다에 머무는 동안 소셜 마켓플레이스에서 숙소를 찾다가 우연히 밥의 모텔을 발견한다. 앨리스는 그 숙소를 빌리기로 결정하고 방값을 SCC로 지불한다. 허가형 폐쇄 블록체인 원장이 스마트 계약을 실행하고 밥의 계좌로 SCC를 송금하는 동시에 앨리스가 빌린 숙소에 접근할 수 있도록 앨리스의 생체 인식 지문을 승

인한다.

8. 이 숙소를 빌리는 계약과 관련해 필요한 모든 기록과 서류는 디지털 계약관리 시스템에 저장되어 해당 스마트 계약과 동기화된다.

9. 네덜란드에 사는 앨리스는 캐나다로 여행 중인데, 이 혁신적인 실험의 일환으로 블록체인 분산 디지털 ID(DID)를 여권 대신 사용할 수 있다.

이 시나리오에서 블록체인, 즉 분산원장은 토큰, 계약, 신원 허브라는 3가지 기본 구성 요소를 가지고 있다. 그중 신원 허브는 복수 당사자 앱을 구축하는 데 사용되는 ID 또는 식별자이다. 블록체인은 토큰, 계약, 신원 허브의 디지털 표현을 만들기 위해 합의된 암호화 기법을 사용해 그 진위를 확인함으로써 복수의 당사자들이 '진실'을 공유하고 있음을 나타낸다.

디지털 ID 및 신원 허브

오늘날 정부와 기업 같은 서비스 제공자들은 우리의 디지털 ID와 필수 데이터 및 기록의 대부분을 관리한다. 이런 기관들은 일부 접속자의 접속을 거부하거나 취소할 수 있는 기능을 포함해 그들의 정보에 접속하는 것을 통제하고 제한한다.

디지털 식별자는 사용자가 만들어서 보유하는 고유한 식별자로서 글로벌 분산 시스템에 근거를 두고 있다. 디지털 식별자는 불변

성, 검열 및 조작 방지 등 고유한 특성을 가지고 있다.[1]

네덜란드의 블록체인 기업 스피리온(Sphereon)의 최고기술책임자 닐 클롬프스(Niel Klomps)에 따르면, 분산 식별자(DID)는 자주적 디지털 신원(self-sovereign identities, 기존의 신원 서비스 제공 기관이 아니라 스스로 신원 관리에 대한 권한을 갖는 방식 – 옮긴이)이라고도 불린다. 이는 디지털 서명, 투표, 웹 또는 모바일 앱 인증 등 모든 종류의 솔루션이 가능한 핵심 기술로, 사용자 개인의 소유이므로 사용자의 기기에 연결된다.[2]

블록체인은 데이터 분산 시대를 열었다. 블록체인은 사용자인 개인이 자신의 신원과 정보를 통제하는 새로운 시대를 촉진한 플랫폼이다. 우리는 이제 개인 또는 조직이 직접 소유하는 시스템을 통해 기존 클라우드 ID 시스템을 더 확장할 수 있다. DID는 우리가 무엇을 누구와 공유할 것인지에 대한 완전한 통제권과 더불어 우리 정보에 접근하는 권한을 취소할 수 있는 능력을 가져다주었다. 사용자가 모든 콘텐츠를 소유하고, 데이터를 어떻게 사용해 수익화할 것인지에 대한 권한까지 보유하는 새로운 소셜미디어(소셜 마켓플레이스)의 물결이 가져올 엄청난 영향을 생각해 보라.

오늘날 우리는 수많은 앱과 서비스에게 우리의 정보 제공 및 사용에 전적으로 동의해야 우리의 신원과 정보가 수많은 공급자에게 퍼져나간다. 이제 모든 개인들은 자신의 ID 정보를 저장하고 그에 대한 접근을 통제할 수 있는 암호화된 안전한 디지털 허브가 필요하다.

개인 신원 허브는 ID 정보 저장과 ID 상호작용[3]을 쉽게 할 수 있는, PC, 전화, 태블릿 같은 클라우드 하드웨어로 구성된 암호화된 데이터 저장소가 그물처럼 복제된 네트워크이다. 이 허브는 모든 기기나 인프라에서 실행할 수 있는 오픈소스 서버 기술이기 때문에 개인의 ID 정보가 특정 조직이나 인프라에 종속되지 않는다. DID는 신원 허브의 개인 데이터 저장소와 연결되어 새로운 차원의 앱과 서비스를 생성한다. 마이크로소프트가 신원 허브를 구현한 것이 바로 애저(Azure) 클라우드 인프라에서 호스팅되는 코스모스(Cosmos) 데이터베이스다.[4]

당신이 원하는 것만 공유함으로써 개인정보를 계속 통제할 수 있다. 하나의 중앙 데이터베이스에 개인정보를 보내 저장하는 방식이 아니라, 개인이 직접 보관하면서 당신이 승인할 때만 특정 수신자에게 특정 정보를 전달한다.

의료 기록을 생각해 보라. 의사의 진료를 받으러 갔는데, 지난번 방문했을 때 작성했던 것과 똑같은 양식을 매번 작성하느라 짜증난 적이 없는가? 결국 당신은 여러 병원을 다니면서 의료 기록을 남긴 셈이다. 내가 살고 있는 지역에서 다닌 병원들의 진료 기록을 모으려면 각각의 병원에 일일이 요청해야 한다. 그 병원들이 개인 신원 허브에 검사 결과를 기록해 놓는다면 좋지 않을까? 내 개인 의료 기록 데이터가 내 기기를 통해 제공된다면 중요한 분석 결과나 알림을 쉽게 볼 수 있다.

하버드 대학교는 최근 블록체인에 저장된 문서로 졸업장과 학위를 수여했다. 이처럼 우리는 이력서, 경력 정보, 약물 검사 결과 등

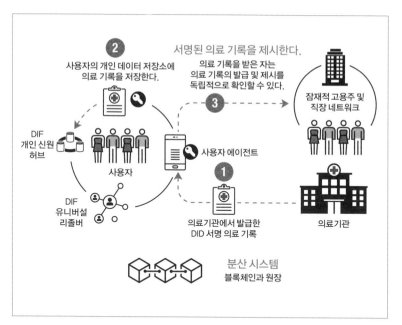

그림 12-2 분산형 신원 허브 체계

채용 서류뿐 아니라 학교 성적표도 신원 허브에 저장할 수 있다. 우리는 채용 담당자나 고용주에게 그 정보를 읽을 수 있는 권한을 허용하기만 하면 된다.

DID 인증

누구나 자신의 DID를 만들고 관리할 수 있는 자주적 디지털 신원의 세상에서, 어떤 사람의 신원이나 증명서, 기록이 신뢰할 만한 것인지 어떻게 알 수 있을까? 우리는 DID 간에 신뢰를 어떻게 쌓을 수 있을까? DID를 만든다 해도 확인된 증명서가 없고 소유자만이 소유권을 증명할 수 있으니 말이다.

사회적 합의 구조에서 규제 당국과 신뢰할 수 있는 중개인의 역할을 생각해 보라. 우리는 어떻게 신뢰를 구축하고 있는가? 정부 당국이 운전면허증, 사회보장번호, 여권 같은 신분증명서를 발급해 준다. 예를 들어 운전면허증은 주 정부 자동차국(DMV)에서 발급된다.

합법적인 문서인지를 증명하기 위해 DID는 신뢰할 수 있는 기관이나 정부 중개자의 보증 또는 인증이 필요하다. DID 기반 시스템은 검증을 위해 타임스탬프와 변경할 수 없는 인증서를 생성하는 메커니즘을 제공한다. 주 정부 자동차국은 DID 기반 블록체인 운전면허증이 진짜인지 인증해 주며, 신뢰할 수 있는 의학 연구소는 제출된 건강 기록이 진짜인지 확인해 준다. 영지식 솔루션(zero-knowledge solutions, 증명자와 검증자 사이에서 발생하는 문제를 특정 정보가 없더라도 검증할 수 있는 방식 – 옮긴이)으로 알려진 프로세스와 함께 DID 인증을 사용하면, 앨리스와 밥은 민감한 정보를 블록체인에 저장할 수 있으므로 실제 데이터를 공개하지 않고도 다른 당사자들에게 자신의 인증 정보가 진짜임을 증명할 수 있다.[5]

다음 사례를 통해 검증할 수 있는 인증 정보에 대해 알아보자. 앨리스는 소셜 마켓플레이스에 등록 허가를 받기 위해서는 본인이 18세가 넘은 성인임을 입증해야 한다. 목표는 자신의 나이와 생년월일을 밝히지 않고 입증하는 것이다. 다행히 소셜 마켓플레이스는 DID 인증을 지원한다.

앨리스는 인증자 앱이나 웹 브라우저에 개인 키를 부착해 이미 블록체인에 저장된 자신의 DID를 제시함으로써 자신의 디지털 신원 정보를 통제하고 있음을 증명할 수 있다. 앨리스는 인증 정보 등록처에 신뢰할 수 있는 여러 중개인들이 발부한 여러 개의 인증 정보를 저장해 놓았기 때문에 18세 이상이어야 한다는 요건을 충족했음을 입증할 수 있다. 앨리스의 브라우저나 앱이 여러 인증 정보 중 어느 것을 사용할지 물으면 앨리스는 비밀번호를 사용하지 않고도 보안이 요구되는 질문 응답 절차를 통과할 수 있다.

DAML 스마트 계약

DAML은 누구나 간단하고 간결한 다자간 스마트 계약서를 작성해서 자신이 선택한 인프라에 쉽게 배포할 수 있는 차세대 애플리케이션 플랫폼이다(185쪽 참고). DAML은 가치 교환을 위해 만들어진 프로그램 언어다.[6] 스마트 계약은 특정 조치를 수행하기 위한 암호화된 약속이다.

DAML을 개발한 회사 디지털 어셋 홀딩스(Digital Asset Holdings)는 계약 언어로만 활성화할 수 있는 스마트 계약 시스템의 5가지 핵심 속성을 제시한다. 계약 언어의 속성은 다음과 같다.

1. 권리와 의무의 증거. 계약의 결과가 강제성을 띠려면 입장이 자발적이어야 한다. 계약의 처리를 자동화하기 위해서는 어떤 상태에서든 계약의 모든 결과를 신뢰할 수 있어야 한다.
2. 기밀 유지. 계약 관련 당사자들만이 세부 사항을 볼 수 있는

권한을 가진다.

3. 증거 추적. 집행 가능한 계약이 되려면 모든 이해 관계자들이 승인했다는 명백한 증거가 보존되어야 한다.

4. 공식 검증. 계약이 의도한 대로 이행되려면 공식적인 검증 방법을 거쳐야 한다.

포멀 미디어형 블록체인

포멀 미디어(Formal Media)[7]는 스마트 계약을 해당 디지털 기록과 동기화하는 세계 최초의 블록체인 지원 디지털 워크플레이스이다. 복수의 거래 당사자들을 위해 기록, 워크플로, 서명에 대한 출처 인증을 제공한다. 포멀 미디어형 블록체인(Formal Media Blockchain Edition)은 감사원이나 소송 당사자에게 디지털 기록, 워크플로, 로그가 변조되거나 변경되지 않았음을 입증해야 하는 기록 전문가들에게 적합하다.

포멀 미디어형 블록체인은 블록체인, 클라우드 컴퓨팅, 디지털 워크플레이스에 특화된 회사인 버추얼디벨로퍼(Virtualdeveloper.com)가 마이크로소프트, DAML, 스피리온의 기술을 사용해 개발했다.

오프블록

오프블록(Off-Blocks)[8]은 처음부터 블록체인으로 구축된 혁신적인 플랫폼이다.

오프블록은 기록을 변경하거나 거부할 수 없도록 도용이나 복사가 불가능한 자주적 디지털 신원 서명들을 통합한다.[9] 기기를 통해 안전하게 생체 인식으로 접속할 수 있는 ID를 사용함으로써 새로운 가능성의 세계를 여는 기술이다. 오프블록은 모바일, 데스크톱, 랩톱 등 모든 컴퓨터 기기에서 작동한다. 당신의 ID나 정보는 도난이나 공격 벡터(attack vector, 해커가 컴퓨터나 네트워크에 접근하기 위해 사용하는 경로나 방법 – 옮긴이)로부터 안전하다. 또 이 기술을 통해 이전보다 더 빠르고, 더 확실하고, 더 저렴하게 문서에 서명할 수 있다.

소셜 마켓플레이스의 중요한 사례로는 정식으로 발표하기 전에 자신의 음악에 서명해야 하는 프로듀서, 음성 증언을 확인해야 하는 법원, 부동산 문서에 서명해야 하는 집주인과 세입자 등이다.

애저 블록체인 토큰

애저 블록체인 토큰(Azure Blockchain Tokens)[10]으로 인해 표준 토큰을 배포하고 관리하는 일이 그 어느 때보다 쉬워졌다. 애저 블록체인 토큰은 토큰 분류 이니셔티브(TTI)가 개발한 표준을 기반으로 하고 있다.

애저 블록체인 토큰은 토큰을 생성, 배포, 관리하는 작업을 단순화함으로써 디지털 또는 물리적 자산에 좀 더 쉽게 접근할 수 있다. 소셜 마켓플레이스는 자체 암호화폐용 토큰이 필요할 것이다. 마이크로소프트의 블록체인 수석 설계자 말리 그레이가 개발한 토큰 분류 체계는 이러한 토큰들의 기술적 토대를 마련해 주었다.

애저 블록체인 토큰은 분산원장의 선택과 관계없이 복수의 거래 당사자가 토큰을 안전하게 전송하고, 거래하고, 제조할 수 있도록 지원한다. 애저 키 볼트(Azure Key Vault, 정보를 안전하게 저장하고 접속하기 위한 클라우드 서비스 - 옮긴이)와 애저 액티브 디렉토리(Azure Active Directory, 클라우드 기반 ID 및 접속 관리 서비스 - 옮긴이)가 결합되어 더욱 안전하게 거래한다.

애저 블록체인 토큰은 비즈니스 네트워크의 다자간 계약의 기준으로 빠르게 자리 잡고 있다. 이 토큰들은 통화, 자산 증서, 영수증, 티켓, 인증서, 게임 자산, 로열티 포인트, 구독 등 여러 용도로 사용될 수 있다.

키바 프로토콜

키바 프로토콜(Kiva Protocol)[11]은 은행계좌가 없는 사람들에게 검증 가능한 디지털 ID와 개인 신용 기록을 비용 면에서 효율적으로 제공하기 위한 새로운 기술이다. 은행 서비스에 접근할 수 없는 사람이 전 세계적으로 17억 명에 달하는데, 2가지 중요한 장벽이 바로 공식적인 신분 증명과 검증 가능한 신용 기록이 없다는 것이다.

키바 프로토콜은 블록체인 분산원장 기술을 활용해 모든 사람에게 디지털 신분증을 발급해 공식이든 비공식이든 모든 금융기관이 개인의 신용 내역을 확인할 수 있다.

키바 웹사이트에 따르면 키바 프로토콜은 다음과 같이 작동한다.

모든 대출 기관(키바의 파트너이든 아니든)은 대출을 해줄 때, 차용자에게 대출 관련 세부 정보가 적힌 서명된 청구서를 보낼 것이다. 차용자는 정확한 청구서를 받아 디지털 키바 지갑에 있는 개인 신용 장부에 게시한다. 차용자가 대출금을 갚을 때도 똑같이 대출 기관이 청구서를 보내면 차용자는 이를 승인하고 장부에 게시한다.

모든 대출 업무는 개인이 직접 통제하는 디지털 지갑에 접속되는 하나의 원장에 기록된다. 예를 들어 지역 대출 기관이나 키바 파트너와 주고받은 신용 기록이 디지털 키바 지갑의 신용 장부에 저장되어 있는 사람이 국가의 은행에서 대출 신청을 원하는 경우, 해당 은행에 자신의 신용 기록에 한 차례 접속할 권한을 부여한다.

13장
분산형 금융

분산형 금융(DeFi, 디파이)은 실험적인 금융이다. DeFi는 금융 상품을 제공하는 데 은행, 증권사, 거래소 같은 전통적인 중앙통제형 금융 중개자를 사용하지 않는다. 대신 블록체인의 스마트 계약이 제공하는 현대적이고 투명한 방식을 활용한다.

이 장에서는 다양한 애플리케이션을 아우르는 글로벌 및 오픈소스 금융 플랫폼으로서 DeFi를 설명한다. 대표적인 DeFi 사용 사례로는 개방형 대출 플랫폼, 스테이블 코인, 분산형 거래소, 합성 자산 발행, 이자 농사, 스테이킹, 차익거래 등을 들 수 있다.

마지막으로 중소기업을 위한 간소화된 자본 접근, 토큰화에 의해 제공되는 기술적 가능성, 자신만의 디지털 ID 등 DeFi의 장단점들을 설명한다. DeFi에는 많은 장점이 있지만 유동성 문제와 초과 담보(overcollateralization) 같은 문제도 있다.

모든 금융 서비스를 이용할 수 있는 글로벌 오픈 플랫폼이 있다고 생각해 보라. 주식 거래, 저축, 대출, 보험 등 모든 서비스를 한 번의 인터넷 연결이나 스마트폰으로 접속할 수 있다고 생각해 보라. 그야말로 천국 같지 않겠는가? 탈중앙화된 분산형 금융(DeFi, Decentralized Finance)을 주장하는 사람들은 보다 평등한 금융 서비스를 추구한다.

암호화폐가 국경을 넘나드는 통화 거래에서 접근성과 비용 효율성을 높였다면, 탈중앙화된 분산형 금융 시스템은 이를 한 단계 더 발전시켰다. 분산형 금융 시스템은 은행, 증권사, 거래소 등과 같은 중앙집중식 금융 중개자를 통해 전통적인 금융 상품을 제공하는 것이 아니라, 블록체인상에서 스마트 계약이 제공하는 현대적이고 투명한 접근 방식을 활용하는 금융 실험의 한 형태다. 분산형 금융 시스템은 공개 분산원장을 기반으로 개발된 일련의 응용 프로그램으로 금융 서비스의 새로운 시대를 촉진할 것이다.[1]

분산형 금융 플랫폼에서 자금의 대출과 차입을 빠르게 처리하고 자산가치의 동향, 저축계좌와 유사한 이자 수익, 암호화폐 거래를 예측할 수 있다. 분산형 금융 플랫폼의 전체 생태계는 댑스(dApps) 또는 프로토콜이라고 하는 분산형 애플리케이션을 기반으로 하고 있으며, 블록체인상에서 당사자 간 금융 네트워크를 제공한다. 레고 블록으로 만든 건물 구조를 생각해 보면 전체 개념을 가장 잘 이해할 수 있다. 레고 블록처럼 모든 댑스(dApps)는 서로 연결될 수 있다.[2] 가장 일반적인 분산형 애플리케이션은 다음과 같다.

1. 스테이블 코인(Stablecoins). 가격 안정화를 목적으로 유로화나 달러화 같은 기존 자산(화폐)에 가치를 연결시킨 암호화폐.

2. 예측 시장(prediction markets). 신분, 소재지, 국적 같은 자의적인 요인에 관계없이 누구나 거래할 수 있는 분산형 프로토콜이다. 스마트 계약은 특정 조건이 충족되면 중앙 당국의 개입없이 즉시 자율적으로 실행된다.

3. 분산형 거래소(DEX). 미국 달러화 같은 통화를 비트코인 등으로 교환할 수 있는 온라인 거래소와 유사하다. 차이점이라면 DEX는 사용자들을 직접 연결하기 때문에 중개자에 의존하지 않고 암호화폐를 꾸준히 거래할 수 있다.

4. 대출 플랫폼. 스마트 계약을 기반으로 은행과 같은 기존 중개자를 대체하는 것을 목표로 한다.

DeFi의 핵심 개념을 가리키는 말로 머니 레고(money legos)라는 용어가 흔히 사용된다. 결합성(composability)이라고도 하는데, 개념은 간단하다. DeFi 프로토콜의 상호 연동성으로, DeFi 최종 사용자들에게 효율적이고 창의적인 금융 서비스와 제품을 제공하는 것이다. 이런 프로토콜의 예로는 에이브(Aave), 연(Yearn), 신세틱스(Synthetix), 커브(Curve), 렌브이엠(RenVM) 등을 들 수 있다. 이 프로토콜들이 서로 맞물려 DeFi에서만 가능한 새로운 금융 상품을 활성화하고 처리하고 전달한다.

DeFi 프로토콜이 허가가 필요 없는 개방형이라는 특성 덕분에 여러 댑스를 구축해 놀라운 수익률을 달성하거나, 플래시 론(flash loans)을 구현하거나, 자체적으로 상환할 수 있는 대출을 받을 수 있다. 단순히 휴대폰에서 앱을 사용하는 것만으로, 자신이 보유한 암호화폐를 담보로 대출금을 마련하거나 분산형 네트워크상에서 특정 개인에게 대출해줄 수 있다. DeFi의 미래 가능성은 무한하다. 상환 조건을 명시하는 스마트 계약으로 담보대출 계약을 함으로써 궁극적으로는 DeFi 플랫폼에서 땅도 구입할 수 있다.

DeFi와 스마트 계약

DeFi에서는 증권사, 거래소, 은행 등과 같은 중앙기관이 금융 거래를 감독할 필요 없고 익명으로 변경 불가능한 거래가 가능하다. 중앙 금융기관이 개입하지 않아도 안전하고 매우 효율적으로 거래할 수 있다.

DeFi는 전통적인 중앙집중식 금융 서비스에 대한 글로벌 오픈 소스이며 다양한 애플리케이션에 적용된다. 단지 비트코인 같은 암호화폐에 관한 것만이 아니다. 블록체인 네트워크를 기반으로 구축된 스마트 계약서나 디지털 지갑 같은 세련된 도구들도 다룬다. DeFi의 비전은 중앙 금융기관의 제한을 받지 않고 모든 금융 거래를 수행하는 것이다.

스마트 계약이란?

스마트 계약은 특정 조건이 충족되면 자동으로 계약이 체결되는 블록체인 네트워크 기반의 컴퓨터 프로그램이다. 스마트 계약은 사업과 협력 관계를 수립하는 데 매우 도움이 된다. 스마트 계약은 기업 거래와 금융 거래에서 소프트웨어 코드에 내장되어 구속력 있는 계약을 한다. 어떠한 중개 서비스 없이 관련 당사자들 간에 직접 교환된다.[3]

예를 들어 판매자의 자금 지급 사항을 확인하고 싶다면 스마트 계약을 사용해 고유의 보안 토큰으로 모든 거래를 검증할 수 있다. 판매자에게 물건을 구매한다고 하자. 제품을 수령하면 스마트 계약이 자동으로 실행되어 당신의 계좌에서 판매자 계좌로 자금이 즉시 이체된다.

스마트 계약과 DeFi를 사용하면 제3자 거래 채널에 의존할 필요 없이 사용자들이 서로 직접 거래할 수 있다. 분산형 스마트 계약은 보안 승인 절차와 검증을 신뢰할 수 있는 제3자 서비스로 대체할 수 있다.

DeFi가 해결하는 문제들

DeFi에서는 금융 거래를 하는 데 누구의 허락도 필요 없다. 예를 들어 은행 규정을 준수하거나 거래 수수료를 지불할 필요 없다. DeFi는 모든 사용자의 비용을 절감하는 동시에 안전하고 개방적이며 익명의 거래를 분산된 방식으로 수행할 수 있다. DeFi가 제공하는 주요 이점은 다음과 같다.

1. 중소기업에게 더 나은 기회. 중소기업들은 제약도 많고 비용도 많이 드는 기존의 은행 서비스에서 벗어나 당사자 간(P2P) 거래 및 결제를 통해 사업을 할 수 있다.[4]

2. 고유 디지털 ID. 2017년 현재, 유효한 은행계좌를 소유하지 못한 사람은 전 세계적으로 약 17억 명에 달한다. 이 중 상당수는 제대로 된 신분증이 없기 때문이다. DeFi와 스마트 계약은 고유 디지털 ID의 도움으로 이 문제를 해결할 수 있다.

3. 디지털 마켓플레이스. DeFi는 개인 신원 정보를 잃어버릴 위험 없이 공동 시장에서 구매자와 판매자를 연결해 준다. DeFi에서는 직접 거래할 수 있기 때문이다. DeFi는 아마존이나 이베이 같은 플랫폼에서 부과되는 수수료나 로열티 지불 없이, 구매자가 판매자와 직접 거래할 수 있는 지역 및 공동체 기반의 시장을 구축하는 데 도움을 준다.

4. 토큰화. 암호화폐는 블록체인에서 사용하는 토큰들 중에 하나일 뿐이다. 암호화폐 외에 유틸리티 토큰(utility tokens), 대체불가능 토큰(NFT), 시장 규제를 받는 보안 토큰(regulated security token)도 있다.

DeFi 시가총액, 얼마나 될까?

현재 DeFi 시장은 다양한 금융 부문과 주로 P2P 거래, 거래소, 금융 대출 및 차입에 관련된 디지털 기업들로 구성되어 있다.[5]

DeFi는 방코르 네트워크(77쪽 참고)나 유니스와프(Uniswap) 같은 분산형 상품 및 자산 거래소와 유동성 풀(liquidity pools)에서 활용되고 있다.

현재 가장 잘 알려진 DeFi는 이더리움으로, JP모건에 따르면 이더리움 블록체인의 DeFi에 예치된 총자산(TVL, total value locked)은 지난해 200억 달러에서 현재 2,000억 달러 가까이 치솟았다.[6] 2021년 11월 기준 DeFi에 예치된 총자산은 2,360억 달러로 사상 최고치를 기록했다.[7] (이후 하락세를 보이며 2022년 9월 23일 현재 868억 달러 수준에 머물고 있다. - 옮긴이)

2020년 6월 출시된 컴파운드(Compound)라는 DeFi 서비스가 빠른 성장을 보이고 있는데, 이자 수익을 목적으로 다양한 암호화폐의 대출 풀을 호스팅하는 DeFi 프로토콜이다. 이러한 풀을 통해 토큰 소유자는 자신의 토큰을 다른 사람에게 빌려주고, 공급과 수요에 따라 알고리즘에 의해 설정된 이자율로 토큰을 빌릴 수 있다.[8]

DeFi가 직면한 주요 장애물

하지만 DeFi는 예상보다 느리게 성장하고 있다. 더 광범위한 채택을 위해서는 다음과 같은 장애물을 제거해야 한다.

1. DeFi는 기술적인 측면에서는 크게 발전했지만, 암호화폐를 기반으로 하기 때문에 사용자 인터페이스(UI)는 아직 개선의 여지가 많다. 사용자가 법정통화를 암호화폐로 변환하는 데는 더 쉽고 직관적인 인터페이스가 필요하다. 그때까지는 DeFi를 광범위하게 채택하는 데 어려움이 있을 것이다.

2. DeFi 시스템의 유동성은 중앙집중형 시스템과 비교할 때 가격 책정에서 현저하게 비효율적이다. DeFi와 블록체인의 거래수수료도 일반적으로 중앙집중형 금융(CeFi, 시파이)보다 높다. 전통적 금융기관들은 고객의 KYC/AML 검증에 의존할 수 있기 때문에 무료로 거래 서비스를 제공할 수 있다(또는 정부가 특정 서비스를 무료로 제공하도록 의무화하고 있다).

3. DeFi는 제품에 대해 때로는 150%까지 초과 담보를 요구하기 때문에 추가 자본에 접근할 기회를 제한한다. 이런 제한은 DeFi 네트워크에서 위험을 완화하기 위한 정교한 신용평가 시스템이 부족하기 때문이다. 기존 신용평가 시스템과 경쟁할 수 있는 시스템을 개발하기 위해서는 더 많은 연구가 필요하다.

4. DeFi 플랫폼을 사용하는 사람들이 많아지면서 시간이 지남

에 따라 문제를 일으킬 수 있는 네트워크 정체, 거래 비용, 타이밍 문제 등 구체적인 플랫폼 관련 문제도 존재한다.

2021년 최고의 DeFi 트렌드

몇 가지 중요한 장애물을 고려하면, DeFi는 여전히 한계를 극복하기 위한 연구가 진행 중이다. 현재 DeFi는 한창 운영 중인 전문적인 금융 시스템이라기보다 실험적인 공간이다. 그래서 새로운 트렌드가 자주 나타난다. 다음은 가까운 미래에 보게 될 몇 가지 주요 DeFi 트렌드다.

1. 유동성 채굴(Liquidity mining), 일명 이자 농사(yield farming). DeFi가 직면하고 있는 낮은 유동성 문제를 해결하는 것을 목표로 한다.
2. 블록체인 분석업체 체이널리시스(Chainalysis)에 따르면, 활동적인 암호화폐 거래소 수는 2020년 8월 845개로 정점을 찍은 뒤 2021년 8월에는 672개로 감소했지만, 활동적인 분산형 거래소(DEX) 수는 2019년 이후 크게 증가했다.
3. 이더리움 2.0 출시로 토큰화 및 상호 연동성이 더욱 강화될 것이다.[9]
4. 이더리움과 스테이블 코인 모두 기하급수적으로 성장할 것으로 예상된다. 암호화폐 전문 미디어 코인쿼라(Coin Quora)는 이더리움이 일반적인 강세 추세를 유지할 수 있다면

2022년 말까지 6,500달러, 더 높게는 7,000달러까지 오를 것으로 내다보고 있다. 코인쿼라는 이더리움이 2023년에 9,500달러 선까지 성장하고, 2025년 최고 목표치를 2만 달러로 설정했다.[10] (그러나 이더리움은 2021년 11월 4,644달러로 정점을 찍은 뒤 암호화폐 시장의 전반적 침체로 계속 하락해 2022년 9월 23일 1,345달러를 기록했다. - 옮긴이)

DeFi 대 CeFi: 장단점

DeFi의 시가총액(예치된 총자산)은 매년 빠르게 성장하고 있다. 암호화폐 정보 사이트 코인게코에 따르면, 2021년 10월 26일 DeFi 토큰의 총자산은 2021년 5월에 기록했던 사상 최고치인 1,500억 달러를 넘어섰다.[11] 그러나 DeFi가 정말로 금융 시스템의 요건을 충족하고 있는지 살펴보자. DeFi는 높은 수익을 창출할 수 있지만 위험도 수반하고 있다. DeFi의 장단점은 무엇일까? 그 전에 많이 알려진 DeFi 적용 분야를 알아보자.

1. 분산형 거래소는 중개자 없이 토큰, 암호화폐 등 자산을 거래할 수 있다.
2. DeFi는 기존 금융 시스템의 신용점수에 구애받지 않고 대출 절차가 간단하다. 다른 규제 제한 없이 담보를 사용해 쉽게 돈을 빌릴 수 있다.
3. 혁신적인 DeFi 프로토콜 중 하나는 무손실 복권 시스템(no-

loss lottery system)으로, 참가자들은 티켓을 구매하고 보상을 받을 기회를 얻는다. 원금을 잃는 경우는 절대 없으며 향후에도 복권 추첨에 계속 참여할 수 있다.

4. 모든 NFT는 고유하기 때문에 미술품, 음원, 가상 부동산, 애완동물 같은 디지털 자산의 소유권을 인증하는 데 NFT를 사용할 수 있다.

DeFi의 장점

DeFi는 중간 매개자를 제거할 수 있기 때문에 위의 적용 시나리오에서 아주 잘 작동할 것이다. 다음은 DeFi의 장점이다.

1. 수작업으로 인한 오류와 부실 관리 감소. 스마트 계약과 완전히 디지털화된 DeFi 프로세스는 금융 업무 처리 절차에서 인적 오류와 부실 관리를 최소화한다.

2. 영구적이고 빠른 접속. 세계 인구의 상당수는 여전히 은행계좌가 없고, 제대로 된 신분 확인 시스템도 갖추지 못하고 있다. DeFi는 전통적인 은행 시스템의 제한을 없애고 클릭 한 번으로 대출을 받고 언제 어디서나 시장에 접근할 수 있다.

3. 허가가 필요 없는 운영. 중앙집중식 금융 시스템 내의 모든 거래는 여러 단계의 승인을 거쳐야 할 뿐 아니라 절차도 까다롭다. DeFi는 이 모든 것을 단순화하고, 허가가 필요 없는 신속하고 안전한 운영을 지원한다.

4. 직접 대면 불필요. 판매자와 구매자는 서로의 신분을 몰라도 안전하게 거래할 수 있다. DeFi는 물리적 접촉이 필요 없기 때문에 코로나19 대유행 기간 동안 전 세계에서 경험했던 지역 봉쇄와 이동 제한으로 인해 발생하는 문제들을 완화할 수 있다.

5. 보안 개선. DeFi가 극복할 수 있는 CeFi의 한계 중 하나가 바로 보안과 감독이다. CeFi는 플랫폼의 유동성이 높을 경우 해커의 표적이 되기 쉽다. 그러나 완전히 분산된 플랫폼인 DeFi에서는 그런 위험에 빠질 가능성이 매우 적다.

DeFi의 단점

DeFi는 중앙집중식 금융 시스템의 대안이 될 수 있지만, 모든 시장에서 DeFi를 보다 광범위하게 채택하려면 여전히 특정 장애물을 극복해야 한다. DeFi가 성장하는 기술인 것은 분명하지만 여전히 회의적인 시각이 있는 것도 사실이다. 다음은 주의해야 할 몇 가지 단점들이다.

1. 확장성. DeFi 거래 수가 증가함에 따라 네트워크 성능 문제가 나타날 가능성이 높다.

2. 영구 계약. 스마트 계약은 한번 거래가 이루어지면 되돌릴 수 없다. 따라서 스마트 계약에 결함이 있거나 사기를 당했다면 자금 손실을 초래할 수 있고, 그 손실은 회복할 수 없다.

3. 낮은 유동성. 현재 모든 DeFi 프로젝트는 낮은 유동성 문제로 어려움을 겪고 있다.

4. 초과 담보. 차용인의 자산 가치가 대출 금액보다 높을 때 발생한다. 누구나 금융 서비스를 이용하려면 초과 담보 문제를 극복해야 한다.

5. 상호 연동성의 결여. 비트코인, 이더리움, 바이낸스 스마트 체인 등 다양한 블록체인 간에 상호 연동성이 낮다.

6. 보험. 2021년 한 해 동안 DeFi 부문은 해킹이나 부정행위로 1억 2,000만 달러가 넘는 도난 사고가 일어났으며, 이런 위협은 더 늘어날 전망이다. 2021년 5월 한 주말에 DeFi 플랫폼 세 곳에서 2,200만 달러가 도난당했다. 그러나 DeFi 시스템에서는 CeFi에서 제공되는 종류의 보험 혜택이 없다. 다행히 최근 들어 블록체인 기술과 스마트 계약의 강점을 활용해 예측하지 못한 사고, 지갑 해킹, 스마트 계약 악용 등으로 인한 손실을 보상하는 혁신적인 분산형 보험 서비스가 몇 가지 출시되고 있다. 이런 보험 서비스를 시도하는 기업으로 넥서스 뮤추얼(Nexus Mutual), 언슬래시드 파이낸스(Unslashed Finance), 아이트러스트 파이낸스(iTrust Finance)가 있다.

7. 불변성. DeFi 프로토콜은 자동화된 소프트웨어를 사용하고 있는데, 일단 소프트웨어가 발행되면 수정할 수 없기 때문에 코드의 결함이 재앙을 불러올 수 있다. DeFi는 또 법적으로 구속되지 않는 금융 시스템이므로 위험에 대한 책임이 전적

으로 사용자 자신에게 있다. DeFi 이면에 숨겨진 근본적인 위험을 이해하지 못하는 초보자들은 상당한 손실을 볼 수 있다는 의미다. 2020년 8월에 터진 얌(YAM) 프로토콜 사태가 바로 그렇다. 얌 프로토콜은 감사를 받지 않았고, 프로토콜에 치명적인 버그가 발견되자 자금을 예치한 사용자들은 공황 상태에 빠지고 말았다. 그들은 얌이 첫 분배를 시작한 지 하루 만에 거의 6억 달러를 예치했지만 사건이 터지자 재빨리 자금을 회수했다.

DeFi 이용 사례

1. 개방형 대출 플랫폼. DeFi의 가장 광범위한 이용 사례 중 하나다. 사용자들은 댑스를 사용해 자신의 디지털 자산을 다른 사용자에게 빌려주고 이자를 받거나 다른 사용자에게 이자를 주고 디지털 자산을 빌릴 수 있다. 그러나 차용인은 빌리려는 금액보다 훨씬 더 가치 있는 담보를 예치해야 한다. 차용자를 보호할 수 있는 유일한 방법은 담보물을 LTV(Loan-to-Value, 담보 가치에 대한 대출금의 비율 – 옮긴이) 이상으로 유지하는 것이다. 차용인이 LTV를 유지하지 못하면 대출자는 담보물을 팔아 변상받는다.

2. 스테이블 코인. 변동성을 줄여 가격 안정을 유지하는 디지털 자산이다. 변동성을 줄이기 위해 금이나 법정통화(유로, 미국 달러) 같은 다른 자산에 가치를 연동시킨다.[12] 페이스북이 개

발한 스테이블 코인인 디엠 같은 혼합 자산에도 연동시킬 수 있다.

스테이블 코인은 DeFi의 필수 요소다. 높은 안정성과 유동성을 유지할 가능성이 높기 때문에 차용인, 대출자, 거래자들 사이에서 인기가 매우 높다.[13]

3. 분산형 거래소(DEX). 분산형 금융 내에서 디지털 자산을 거래하는 플랫폼을 분산형 거래소라고 한다. DEX는 2가지 방식으로 운영되는데, 하나는 거래자가 입찰/구매 시스템을 통해 주문 가격을 결정하는 방식이고, 다른 하나는 간단한 계산을 사용해서 커브(Curve)나 유니스와프(Uniswap) 같은 자동 시장 메이커를 통해 유동성 풀 내에서 토큰 가격을 결정하는 방식이다.

4. 합성 자산(Synthetic asset) 발행. 디지털 자산 토큰이 다른 자산의 속성을 모방하도록 설계되는 복잡한 DeFi 이용 사례다. 합성 자산은 상품, 통화, 귀금속, 주식, 채권 같은 다른 기초 자산에서 가치를 도출하는 전통적인 금융 파생상품처럼, 실제 자산 자체를 보유하지 않고도 동일한 목표를 달성한다. 투자자들은 암호화폐 합성 자산으로 새롭게 부상하는 암호화폐 상품들에 투자할 수 있다. 암호화폐 합성 자산은 기존의 파생상품과 달리, 자산을 장기간 보유하거나 스테이킹(stacking)함으로써 보상받거나 수익을 올릴 수 있다(자신이 가지고 있는 암호화폐를 블록체인 네트워크에 예치한 뒤, 해당 플랫폼의 운영 및 검증에 참여

하고 이에 대한 보상으로 암호화폐를 받는다. - 옮긴이).

5. 이자 농사(Yield farming). 유동성 채굴(liquidity mining)이라고 도 불리는 이자 농사는 디지털 자산을 거래소에 동결해 놓고 스마트 계약을 통해 자동으로 보상받는 상품이다. 예를 들어 최근 뜨고 있는 오케이엑스(OKX)라는 플랫폼이 출시한 이자 농사에서 사용자는 OKB 토큰을 스테이킹해서 디지털 자산 을 채굴할 수 있다.[14]

이자 농사는 일반적으로 위험도가 높을수록 수익도 높은 보 상 상품이다. 스마트 계약에 허점이 있다면 동결시킨 자산 은 쓸모없는 것이 되어 모두 잃게 된다. 일반적으로 이자 농 사 프로젝트는 유니스와프 같은 DEX에서 유동성 공급자(LP, Liquidity Provider)에게 토큰을 받은 다음, 이를 스테이킹해서 디지털 자산을 채굴한다.[15]

6. 스테이킹. 일반적으로 디지털 자산 보유자가 DeFi에 처음 노 출되는 과정으로, DeFi의 가장 간단한 사용 사례 중 하나다. 스테이킹을 통해 디지털 자산을 검증자 노드에 위임하고, 호 환되는 지갑으로 디지털 자산을 받는다. 스테이킹은 블록 체인을 보호하는 대가로 보상을 얻는 것이다. 가장 일반적 인 스테이킹 자산으로 카르다노(Cardano, ADA), 테조스(Tezos) (XTZ), 트론(Tron, TRX) 등이 있다.[16]

7. 차익거래(arbitrage). 서로 다른 시장 간에 자산이나 통화를 사 고팔아 수익을 창출하는 행위다. 차익거래의 전형적인 예는

빈티지 의류다. 헌옷 한 벌은 중고품 가게나 경매에서는 기껏해야 50달러 정도밖에 받지 못하지만, 빈티지 부티크나 온라인에서 유행에 민감한 고객들은 같은 옷이라도 무려 500달러 이상을 지불할 수도 있다. 예를 들어보자. 캐나다의 TD은행은 토론토 증권거래소(TSX)와 뉴욕 증권거래소(NYSE) 두 곳 모두에서 거래된다. 어느 특정 일에 TD은행의 주식이 TSX에서는 63.50캐나다 달러(C$)에, NYSE에서는 47.00미국 달러(US$)에 거래되고 있다고 하자. 환율은 US$1 = C$1.37라고 가정하자. U$47 = C$64.39인 상황에서 거래자는 TSX에서 TD은행의 주식을 63.50C$에 매입할 수 있고, 동시에 NYSE에서 64.39C$에 매도할 수 있으므로, 궁극적으로 이 거래에서 주당 0.89C$(64.39~63.50C$)의 이익을 얻을 수 있다.[17]

DeFi 패러다임에서 수익 내기

DeFi 플랫폼은 전체 시스템을 장려하고 DeFi 공간에 유동성을 전달함으로써 사용자가 수동적 소득(passive income, 노동을 하지 않고 버는 소득 - 옮긴이)을 얻을 수 있다. DeFi는 CeFi와 달리 진입 장벽이 낮고 혁신을 지원하는데, 이런 속성은 대안적 금융 서비스를 제공하는 플랫폼에 필수적이다. 안정적인 수익을 원하는 스테이블 코인 보유자들에게 디파이가 최적의 선택인 이유다. 현재 수익을 창출하고 있는 DeFi 서비스들은 다음과 같다.

1. 분산형 거래소(DEX)

2. 스테이킹

3. 유동성 채굴

4. 이자 농사

5. 차익거래

DeFi의 미래: 위험과 기회

DeFi 산업을 분석 발표하는 디파이 펄스(DeFi Pulse)는 현재 DeFi 내에서 실행되는 모든 프로토콜의 목록을 제공한다. 그들은 목록을 기능별로 더 자세히 분석해 거래, 대출, 결제, 인터페이스, 자산, 인프라, 지갑, 확장(scailing) 등과 같은 여러 범주로 세분화했다. 처음 접하는 사람들도 교육, 뉴스레터, 분석, 팟캐스트, 커뮤니티 같은 여러 카테고리를 통해 그들의 경험에 더 쉽게 접근할 수 있다.[18]

투자자들은 디파이 펄스를 사용해 투자 가능한 프로젝트에 훨씬 쉽게 접근할 수 있다. 그러나 여기에는 몇 가지 위험도 수반된다. 예를 들어 DeFi는 본질적으로 완전히 신뢰할 수 없고 허가가 필요하지 않은 공간이라는 것이다. 일부 프로토콜은 감사를 받지 않았을 수도 있다는 의미다. DeFi가 제공하는 익명성으로 인해 프로토콜 개발자들은 이름과 얼굴을 공개하지 않아도 된다.

ICO 거품 현상에서 DeFi에 대해 많은 교훈을 얻었음에도 여전히 다음 몇 가지 위험이 있다.

1. 언론의 혹평. 다른 투자 기회와 마찬가지로 DeFi에 대한 나쁜 소식(예를 들어 해킹, 사기, 도난 등)은 DeFi의 발전을 지연시킬 수 있다.
2. 특혜 및 장려 기간. DeFi 공간에서 섣부른 사고방식은 금물이다. 대신 여러 가지 특혜나 장려 기간을 둠으로써 장기적으로 개발자와 커뮤니티를 DeFi 공간에 머물도록 해야 한다.
3. 금융 리스크. 아직까지 DeFi 공간에서는 투자자들이 손실을 입을 위험이 크다.
4. 플랫폼 접근. 현재 DeFi는 아직 사용자 친화적 공간이 아니다. 접근을 단순화해야 DeFi의 채택과 성장이 가속화될 것이다.

DeFi 위험의 상당수는 CeFi에서 볼 수 있는 것과 유사하다. 그러나 DeFi 공간이 성공하려면 사용자들이 CeFi 및 기존의 은행 공간과 동일한(또는 유사한) 솔루션을 제공하면서도 더 큰 수익을 얻어야 한다.

DeFi는 CeFi와 기존 은행의 결점을 적극적으로 극복해야 한다. DeFi가 CeFi의 단점을 해결할 수 있는 방법 중 하나는 자동화된 자산 관리다.[19] 기술은 금융 시장을 끊임없이 변화시켜 왔다.

DeFi는 금융의 지형에 지진파를 보내고 있다. 자산운용도 이런 혁신에서 제외될 수 없다. DeFi는 또 지역공동체에 가장 높은 수익력을 가져다줄 스마트 계약을 제공할 뿐 아니라, 순조롭고 쉬운 사용자 경험을 제공할 것이다. DeFi는 감사를 받지 않은 프로토콜과 계약 문제를 잘 해결해야 한다. 현재 미비한 것들이 많지만, 제로(0) 수수료 같은 긍정적인 기능들이 DeFi의 미래를 밝게 만들 것이다.

DeFi 산업의 실력자들

최근 몇 년 사이 기관투자자들이 대거 비트코인을 위시한 암호화폐로 이동하기 시작했다. DeFi 시장도 스테이블 코인과 다양한 파생상품을 도입하며 투자자들의 관심을 계속 끌고 있다. ERC‑20토큰(이더리움 기반 토큰‑옮긴이)을 활용해 비트코인의 가치를 표시했던 스테이블 코인의 대출과 담보가 가능해지면서 DeFi 시장에 대한 투자자들의 관심이 높아졌다.

폴리체인 캐피털(Polychain Capital)은 수익성이 높은 YFI DeFi 토큰(이더리움 기반 프로토콜 Yearn Finance가 출시한 ERC‑20토큰‑옮긴이)의 최대 보유자가 되면서 인기가 높아진 암호화폐 헤지펀드다. 폴리체인은 여러 DeFi 프로젝트에 적극적으로 투자해 투자자들의 자금을 DeFi 업계에 투입했다.

ZK인터내셔널(ZK International)이 만들고 보유한 블록체인 R&D 연구소 엑스시그마(xSigma)는 해당 연구소 출신의 세계적인 개발자들이 세운 나스닥 상장사가 지원하는 스테이블 코인 거래소이자 유동성 채굴 플랫폼이다.

DeFi 업계의 약점인 보안을 강화하기 위해 여러 회사들이 DeFi 솔루션을 개발하고 있다. 암호화폐 보안 스토리지 프로바이더인 트러스톨로지(Trustology)는 다양한 분산 프로토콜로 스마트 계약의 보

안을 강화하는 DeFi용 방화벽을 개발했다. 퀀트스탬프(Quantstamp)
도 스마트 계약의 보안 위험에 대응하기 위한 솔루션을 개발하고 있
다. DAO 연합(Alliance DAO, 이전의 DeFi Alliance)은 스타트업들이 광범
위한 산업 네트워크에서 유동성과 지원을 조달하는 연합 단체다.
2025년까지 DeFi 플랫폼의 사용자를 10억 명으로 성장시키는 것을
목표로 하고 있다.

결론

DeFi 산업을 지지하는 대표적 단체인 글로벌 디지털 파이낸스
(Global Digital Finance)의 공동 회장인 로렌스 윈터메이어Lawrence Win-
termeyer는 〈포브스〉에 기고한 글에서 "일반적으로 DeFi라고 불리는
사용자 중심의 분산형 금융은 최근 몇 년 동안 부정하기에는 너무 중
요한 새로운 현실이 되었다."라고 말했다. 지난 1년간 블록체인과 암
호화폐에 대한 기관투자자의 관심이 폭발적으로 증가한 것을 보면
암호화폐와 DeFi가 금융의 미래라는 것은 분명하다.

14장
대체 불가능 토큰(NFT)
만들기

NFT 시장은 앞으로도 기하급수적으로 성장할 전망이다. 14장에서는 NFT가 무엇인가 하는 근본적인 질문을 제시하고, 진위성 수수께끼(enigma of authenticity)와 주관적 가치설(subjective theory of value)에 대해서 탐구해 볼 것이다. 진위성은 NFT의 등장과 밀접한 관련이 있다. NFT를 사용하면 최초 발행자의 신원을 쉽게 확인하고 블록체인에 대한 진위 여부를 검증할 수 있다.

또한 이 장에서는 NFT 자산의 소유권이 계속 이전되는 과정에서 NFT 최초 발행자가 어떻게 영구적으로 로열티를 벌 수 있는지도 보여준다. 이어서 복합적 실체(complex entity)의 디지털 식별, 티켓 산업에서 NFT의 적용, 인허가 및 인증 등 NFT가 해결해야 할 문제들을 탐구한다. 그리고 웹사이트 rarible.com을 사용해 NFT를 생성하는 방법도 알아본다.

트위터의 창업자 잭 도시(Jack Dorsey)가 290만 달러에 경매에 부친 최초의 트윗부터 6,800만 달러[1] 이상에 팔린 비플의 디지털 미술 작품 〈The First 5,000 Days〉에 이르기까지 최근에 등장한 NFT는 가치를 인식하는 방식에 새로운 의문을 제기한다.

그러나 NFT 붐이 일어나면서 NFT 도용 문제도 생겨나고 있다. 많은 예술가들이 자신들의 동의 없이 자신의 작품이 NFT로 만들어졌다고 이야기한다.[2] 도용 문제 외에 NFT가 과연 예술 작품으로 정당한 것인지에 대한 의문도 제기되고 있다.

이러한 의심에도 NFT 시장은 무서운 속도로 성장했다. 많은 비평가들은 NFT 열풍을 미디어 과대광고로 인해 한껏 부풀어 올랐던 또 다른 암호화폐 거품이라고 한다.

그러나 NFT 자산의 복잡성을 고려하면 NFT의 가치를 평가하는 것은 거의 불가능하기 때문에 아직은 과대평가되었다거나, 저평가 되었다거나, 또는 정당한 가격으로 매매되었다고 말하기 어렵다. 이 새로운 공간을 철저히 살펴보면 NFT가 어떻게 현재의 상황에 이르렀는지 더 명확하게 알 수 있다.

NFT의 등장

2017년 6월, 미국의 스타트업 라바랩스(Larva Labs)의 매트 홀(Matt Hall)과 존 와킨슨(John Watkinson)은 이더리움에서 최초의 대체 불가능 토큰(NFT) 크립토펑크(CryptoPunks)를 출시했다. 1만 개의 고유 캐릭터를 이더리움 블록체인에 저장해서 만든 크립토펑크 NFT의 탄생을 알리는 신호탄이었다. 이 '펑크'들의 공급은 1만 개로 제한되었는데, 이 가상의 고유 캐릭터들은 처음부터 희소성을 염두에 두고 프로그램되었다.

각각의 펑크는 살아 있는 세포의 DNA 줄기처럼 고유한 특징을 이더리움 블록체인에 이식시킨 것이다.

예술과 기술의 연결을 표방하는 매체 '아트 마켓 구루(Art Market Guru)'와 인터뷰에서 매트 홀은 다음과 같이 설명한다.

2017년 초, 존 와킨슨은 픽셀 캐릭터 생성기를 만지작거리다 정말 멋지고 흥미로운 캐릭터들을 많이 만들어냈습니다. 우리는 그 캐릭터들을 어떻게 해야 할지 알 수 없었죠. 우리가 이더리움을 발견하고 그것들을 블록체인에 고유한 캐릭터로 저장할 수 있을 것이라고 생각하기 전까지는 말입니다. 바로 그때부터 우리는 그것이 실제로 가능한지, 그리고 이더리움에서 어떤 형태를 취해야 하는지를 파악하는 작업을 시작했지요.[3]

크립토펑크의 성공에 이어 2017년 12월 크립토키티(CryptoKitties) 팀의 디터 셜리(Dieter Shirley)와 블록체인 독립 컨설턴트 윌리엄 엔트리켄(William Entriken)은 이더리움 가상머신(EVM)에서 NFT의 구현을 원활하게 만든 ERC-721 표준[4]을 제안했다. ERC-721 표준은 크립토펑크 코드의 청사진을 기반으로 한 것이다. 크립토키티가 출시된 이후, NFT의 최적화를 위한 몇 가지 표준과 이더리움에 대한 몇 가지 대안들이 제시되었다.

크립토펑크와 크립토키티의 성공은 NFT 시장에 불을 지폈다. JP모건에 따르면 디지털 미술품 거래가 매달 약 20억 달러 수준을 기록하면서 2021년에 폭발적인 성장세를 보였다.

2021년 초 월 거래액이 약 4억 달러에 그쳤던 것과 비교하면 크게 증가한 것으로, 이른바 NFT 유니버스의 총규모를 70억 달러 수준으로 끌어올리는 데도 일조했다.

시장조사 기관인 브랜드 에센스 마켓 리서치(Brand Essence Market Research)에 따르면 2021년 3분기까지 NFT 거래량은 전년 대비 328% 증가했다. 시장에서 거래 건수가 증가한다는 것은 NFT 시장의 규모가 커진다는 의미다.

NFT란 무엇인가?

가치가 동일한 자산을 '대체 가능하다'(fungible)라고 말한다. 예를 들어 비트코인과 달러 지폐는 모두 정확하게 동일한 금액의 가치로 대체할 수 있다.

그러나 NFT는 토큰마다 각각 가치가 다른 특별한 종류의 암호화폐 자산이다. 모든 NFT가 고유하기 때문에 예술품, 음원, 가상 부동산, 애완동물 같은 디지털 자산의 소유권을 인증하는 데 사용될 수 있다.

NFT는 블록체인에 등록된 대체 불가능한 귀중품의 디지털 표현으로, 모든 NFT는 각각 고유한 암호화 식별자를 가지고 있다. 이 식별자는 해당 NFT와 관련된 모든 전송에 붙은 실시간 스탬프로 블록체인에 있는 토큰의 고유한 정체성과 소유권을 판정하는 것이다.

그림 14-1 대체 가능성

NFT의 소유권이 이전되는 순간부터 NFT와 관련된 모든 활동은 블록체인에 기록되어 변경할 수 없으며, 모든 소유권 이전에 대한 타임스탬프가 찍힌다.

NFT로 표현할 수 있는 실체에는 제한이 없지만(가능성은 무한하다), 일반적으로 수집품, 이미지, 동영상 같은 디지털 예술 작품에 사용된다. 최근에는 도메인 이름, 사용자 프로필 아바타, 가상 부동산, 심지어 독특한 디지털 금융 상품도 NFT로 표현되고 있다.

이모티콘처럼 보이는 저해상도 이미지들(예를 들어 크립토펑크)이 NFT로 구현되어 수백만 달러에 팔리고, 비이성적으로 보이는 몇몇 NFT 거래는 많은 사람들을 놀라게 했다. 객관적으로 보면 터무니없는 가격이지만, 이 장을 계속 읽다 보면 이해하게 될 것이다.

NFT와 주관적 가치론

주관적 가치론은 비록 동일한 물건이라도 각자의 개별 감정, 선호도, 사고 과정, 인생 경험에 의해 사람마다 가치가 다르게 평가될 수 있다는 것이다. 잭 도시의 열성 팬은 그의 첫 번째 트윗의 NFT 버전에 250만 달러(약 35억 원)를 기꺼이 지불했지만, 다른 사람들은 전혀 신경 쓰지 않는다. 이런 현상은 NFT 세계에만 있는 것이 아니다. 2021년 4월, 미국의 래퍼 카니예 웨스트(Kanye West)가 직접 디자인하고 신었던 신발 한 켤레가 경매에서 180만 달러(약 25억 원)에 팔렸다.

디지털 작품 하나를 사기 위해 어마어마한 돈을 투자하는 것이 말도 안 된다고 생각할 수 있다. 하지만 그것을 사는 사람은 그저 무작위로 색칠해 놓은 듯한 그림을 '예술품'이라며 거액을 주고 사는 것을 우스운 일이라고 생각할 수 있다. 이러한 물건들이 주관적인 의미를 갖고 있다고 생각하는 사람도 있고, 단지 순수하게 객관적이고 합리적인 관점에서 인식하는 사람들도 있다. 어느 자산에 대해 주관적 가치를 매길 수 있다는 이론이 NFT가 터무니없는 가격에 거래되는 이유다.

NFT와 스마트 계약

스마트 계약은 모든 종류의 NFT로 구성되는 기술적 레고 조각이라고 할 수 있다. 모든 NFT는 스마트 계약 블록체인, 특히 이더리움에서 존재한다. 블록체인상에서 대체 불가능한 실체로 표현할 수 있는 것이 스마트 계약이다.

IT 전문 매체 〈더 버지The Verge〉는 NFT를 다음과 같이 설명한다.

"대체 불가능이란 좀 독특해서 다른 것으로는 대체할 수 없다는 의미다. 예를 들어 비트코인은 대체 가능하다. 비트코인 하나를 다른 비트코인 하나와 교환해도 똑같은 가치를 얻는다. 그러나 세상에 단 하나밖에 없는 거래 카드는 대체할 수 없다. 이를 다른 카드로 교환한다면 전혀 다른 것을 얻게 된다."[5]

이더리움 공식 웹사이트에 따르면 NFT는 다음과 같은 특별한 속성을 가지고 있다.

• 모든 토큰은 고유한 식별자를 갖는다.

- 모든 토큰은 다른 토큰과 직접적으로 교환될 수 없다.
- 모든 토큰에는 소유자가 있으며, 이 소유자 정보는 쉽게 확인할 수 있다.
- 토큰은 이더리움(NFT가 구축되는 하나의 블록체인)에 존재하며, 이더리움 기반 NFT 시장에서 사고팔 수 있다.

당신이 NFT를 소유하고 있다면,
- 당신이 그것을 가지고 있다는 것을 쉽게 증명할 수 있다.
- 어떤 식으로든 아무도 당신의 소유권을 조작할 수 없다.
- 당신은 그것을 팔 수 있고, 경우에 따라서는 처음 만든 사람으로서 재판매에 대한 로열티를 벌 수도 있다.
- 이더리움 지갑에 자산이 안전하게 보관되기 때문에 편안한 마음으로 영원히 소유할 수 있다.

당신이 NFT를 만든다면,
- 당신이 맨 처음 만든 사람이라는 것을 쉽게 증명할 수 있다.
- 당신이 자산의 희소가치를 결정할 수 있다.
- 그것이 거래될 때마다 소정의 로열티를 받을 수 있다.
- NFT 시장이나 P2P 시장에서 판매할 수 있다. 어떤 플랫폼에 얽매일 필요도 없으며 중개인도 필요없다.[6]

이것은 금본위제에서 달러가 금으로 환매되던 방식과 유사하다. 항상 환매될 수 있는 것은 아니지만, NFT는 블록체인의 스마트 계약을 통해 만들어지는 대체 불가능한 자산의 암호화된 표현이다.

NFT를 더 잘 이해하기 위해 스마트 계약이 실제로 어떻게 작동하는지 알아보자.

스마트 계약 이해

전자 컴퓨팅 시대가 도래하기 전만 해도 계약과 공식 협약에는 구속력 있는 집행기관의 관리 감독이 필요했다. 예를 들어 은행이 수표의 출금을 보증해야 하고, 법원이 특정 유형의 거래를 보장해 주어야 한다.

마찬가지로 스마트 계약은 스마트 계약 프로그램의 조건에 따라 법적으로 정당한 관련 사건과 조치를 자동으로 실행, 제어 및 문서화하기 위한 컴퓨터 프로그램 또는 거래 프로토콜이다.[7]

스마트 계약의 한 가지 중요한 목표는 계약의 모든 단계에 개입되는 중개자를 제거하는 것이다. 스마트 계약은 이러한 중개자를 오픈소스 코드로 대체한다. 계약 실행을 감독하는 기존의 법적 감독 대신 스마트 계약으로 비용 절감과 시간 절약은 물론 부패도 방지할 수 있다.

스마트 계약 기술은 대체 불가능한 식별자의 생성과 이전을 가능하게 만들었다. 예를 들어 이더리움 가상머신(EVM)은 다양한 계약 유형별로 여러 가지 ERC 표준을 가지고 있다. ERC(Ethereum Request for Comments)는 이더리움의 응용 프로그램 표준이며, 토큰 표준, 명부, 라이브러리/패키지 포맷 등이 포함된다.

ERC-721은 이더리움 블록체인에 대체 불가능하거나 고유한 토큰을 구축하는 방법을 설명하는 자유 개방형 표준이다. 대부분의 토큰들은 대체 가능하지만(모든 토큰이 다른 모든 토큰과 동일한 가치로 교환될 수 있는 경우), ERC-721은 모두 고유한 토큰들이다. 단 하나밖에 없는 희귀한 수집품이라고 생각하면 된다.

스마트 계약을 맨 처음 사용한 것은 1998년 컴퓨터 과학자 닉 사보(Nick Szabo)가 중앙집중식 네트워크에서 구축한 디지털 화폐 비트골드(Bitgold)를 발명한 때로 거슬러 올라간다. 그러나 분산형 블록체인 네트워크를 통해 불변적이고 완전히 자율적인 스마트 계약 프로토콜을 실행할 수 있는 것은 이더리움 블록체인이다.

NFT가 해결하는 문제들

NFT 기술은 가치와 소유권이라는 특별한 측면을 다루고 있는데, 사실 이런 특성 때문에 NFT 공간에 많은 논란과 현금이 소용돌이치고 있는 것처럼 보이기도 한다. 이런 소문의 근원이 되는 다양한 NFT 솔루션에 대해 살펴본다.

복잡한 실체의 디지털 확인

NFT는 신원을 확인하기 위해 중앙기관에 의존하지 않고 인터넷에서 직접 신원을 검증할 수 있는 길을 처음으로 열었다. NFT를 통해 블록체인 네트워크 전체를 통틀어 단 하나밖에 없는 고유한 실체가 존재할 수 있는 것이다.

티케팅

NFT의 또 다른 용도는 티케팅이다. 이스라엘의 티케팅 회사 이티켓(Eticket)은 2018년 세계 최초로 블록체인 티케팅 플랫폼을 출시하면서 Eticket4라고 불렀다.[8]

NFT 티케팅은 특정 기간, 특정 이벤트에 대해서만 쓸 수 있는 고유한 NFT형 토큰을 생성한다.

NFT 티켓은 티켓 판매에 상당한 투명성을 가져올 것이다. 블록체인 티케팅은 이벤트 주최자가 이벤트 티켓의 공급 전체를 통제하고 보유자를 추적할 수 있기 때문에 암표 판매는 물론 다른 형태의 사기나 조작을 예방하는 데 도움이 된다.

NFT 티켓은 기술적으로 위조가 불가능하고, 물리적 손상도 불가능하며, 티켓 제작 비용도 크게 절감된다. 예를 들어 이더리움에서 NFT 티켓을 만드는 데 드는 비용은 약간의 가스 요금 정도에 불과하다.

인증서 및 자격증

인증서는 기능성 측면에서 대체 불가능한 자산이다. 예를 들어 학사 학위는 당사자가 없다면 아무 소용 없다. 그것은 양도할 수 없는 자산인데, 이것이 바로 NFT의 완벽한 정의다.

NFT로 작성된 인증서나 라이선스는 위조할 수 없고 회사는 직원의 라이선스 진위를 쉽게 확인할 수 있다. 가상 학습이 본격적으로 전개되면 더욱 중요해질 것이다. 블록체인 개발 프로그램을 제공하

는 기업 재스트린(Zastrin)은 학교들이 NFT 학위증을 발급하는 사업을 선도하고 있다.[9]

이외에 각종 자격증도 NFT를 사용하여 발급할 수 있으며, NFT 자격증은 전통적으로 발급된 자격증과 전혀 다를 바 없다. 자격증 위조를 방지할 뿐만 아니라 검증 오류도 크게 줄일 수 있다. 기업의 인사 담당 부서의 시간을 절약하는 데 도움이 된다.

도메인

도메인 이름은 웹사이트의 인터넷 프로토콜(IP) 주소를 읽을 수 있도록 변환한 것이다. IP 주소를 쉽게 읽을 수 있는 포맷을 제공하기 위해 도메인 이름을 등록하는 방법이 개발되었다. 예를 들어 구글의 IP 주소는 172.217.10.14로 표시되어 읽기가 불편하다. 그래서 도메인 네임 시스템(DNS) 등기소가 쉽게 Google.com으로 변환시키는 것이다.

DNS 서버는 글로벌 네트워크에서 작동하며 도메인 이름을 IP 주소로 변환한다. 인터넷 서비스 제공자(ISP)들이 도메인 사양서에 따라 사용자를 적절한 IP 주소에 연결해 준다.

글로벌 DNS 네트워크는 국제 인터넷 주소 관리 기구(ICANN, Internet Corporation for Assigned Names and Numbers)가 관리하는데, 이 조직은 전체 도메인 시스템의 최상위 개발 및 아키텍처를 담당한다. 이 시스템에서는 사용자가 자신의 도메인을 실제로 소유하지 않고 일반적으로 ICANN이 도메인 이름을 그들에게 임대하는 방식이다. 실제로 ICANN은 이 업무를 도메인 이름 제공자(domain name providers)에게 위탁하고 있다. 도메인 이름 제공자가 도메인 이름을 얼마에 임대하는지에 대한 권한을 가지고 사용자에게 도메인 사용료를 청구할 수 있다는 의미다.

그러나 블록체인 도메인 시스템을 이용하면, 도메인 소유자가 개인 키를 사용해 도메인을 완전히 제어할 수 있고 공용 주소의 소유권도 명확히 할 수 있다. 도메인을 처음 한 번 구매하면 매달 사용료를 낼 필요 없다.

도메인 이름은 지문처럼 대체할 수 없는 자산이므로, 블록체인에서 NFT가 어떻게 생성되느냐가 NFT 표준이 된다. 최근 몇 달 동안 매일 400~1,200건의 NFT.com 도메인이 등록되고 있으며, 2021년 한 해 동안 3만 건이 넘는 NFT 관련 도메인이 등록되었다.[10] 2021년 3월, 블록체인 도메인 이름을 구축하는 회사인 언스토퍼블 도메인스(Unstoppable Domains)는 'win.crypto'라는 NFT 도메인을 10만 달러에 판매했다.[11] 이 회사의 공동 설립자인 브래드 캠(Brad Kam)은 다음과 같이 말한다.

"기존 도메인은 누구나 도메인 등록 대행사에게 살 수 있지만, 영구적인 소유권을 살 수는 없습니다. 기존 웹사이트 도메인은 평균 10달러에 판매되며, 도메인을 갱신하려면 연간 등록 비용을 내야 합니다. 하지만 NFT 도메인 'win.crypto'이 역사적인 가격으로 판매되었다는 것은 사용자들이 영구적이고 검증 가능한 도메인 소유권의 가치를 인정하고 있음을 보여줍니다."

NFT 도메인을 갖게 되면 소유자는 개인 키를 사용해 도메인에 관한 모든 행위를 직접 관리할 수 있다. 도메인을 NFT로 소유한다는 것은 누가 지지하든 지지하지 않든, 웹사이트 소유자에게 자신의 도메인에 대한 완전한 주권을 부여하는 것이다. 이는 웹사이트 소유자들에게 절대적인 언론의 자유를 열어줄 것이다.

또한 이더리움 네임 서비스(Ethereum Name Service)[12]는 NFT를 사용해 기억하기 쉬운 이더리움 주소를 제공하며, 이를 다른 사람에게 전송하고 이더 토큰(ETH)을 받을 수 있다. NFT를 도메인으로 사용하면, 숫자 주소 대신 이름이 붙은 읽기 쉬운 지갑 주소를 가질 수 있다.

지금까지 살펴본 것처럼 NFT는 다양한 산업에 사용되면서 돈 버는 것과 관련 없는 인센티브 뿐만 아니라, 수익을 창출할 수 있는 여러 가지 기회도 제공한다. 다음 단원에서는 이런 기회를 설명할 것이다.

저작권 소유 출처 인증

대체 가능한 암호화폐처럼, NFT도 분산 네트워크를 통해 입증할 수 있는 소유권을 나타내는 훌륭한 도구다. 특히 NFT는 특별하고 고유한 자산의 소유권을 나타내는 데 이상적이기 때문에 저작권 소유를 토큰화하는 데 매우 적합하다.

예술가들은 작품을 NFT로 전환하고 재판매에 대한 로열티 수입을 올리고 있다. 이런 시장이 안정화되면 블록체인상에서 NFT의 소유권을 법적으로 보호할 규제가 등장할 것이다.

현재(2022년) NFT는 아직 지적재산권을 구현하는 수단으로 인식되지 않고 있다. 그러나 기술이 발전하면서 우리는 지적재산권(IP) 인증서와 블록체인상에서 할당되고 판매되는 다양한 고급 계약과 같은 재산의 소유권을 NFT로 주장하게 될 것이다.

미술품 도용

미술품 시장에서 NFT가 몇 가지 좋은 기회를 제공하고 있지만, NFT의 출현으로 규제받지 않는 도난 디지털 미술품 시장이 생겼다. 예를 들어 현재 NFT 마켓플레이스 중 가장 큰 두 곳인 라리블(Rarible)과 오픈시(Open-Sea)에서 모조 미술품 NFT가 만들어지고 판매되었다.

심지어 NFT 경매 사이트에서 미술가들의 허락 없이 작품이 거래되었다. 불행하게도 NFT 소유권 검증에 대한 보편적인 기준이 없기 때문에 이런 사례가 계속 증가하고 있다.

탄소 발자국의 증가

NFT 주류 시장에 진입하는 첫 관문은 이더리움 블록체인이다. 최초의 ERC NFT인 라바랩스의 크립토펑크가 탄생한 이후 이더리움은 가장 많은 NFT 스마트 계약이 탑재된 블록체인으로서 시장을 주도했다. 현재 이더리움 네트워크가 합의 알고리즘인 작업증명(PoW)에 의해 구동되는 점은 비트코인과 비슷하다.

거래량이 많다는 것은 네트워크의 높은 에너지 수요로 알 수 있다. 더 많은 채굴자들을 끌어들이고 지속적인 경쟁을 유발함으로써 어려움이 더욱 가중되고 있다.

작업증명 블록체인이 초래하는 기후 영향을 평가하기 위해 구축된 플랫폼인 클린코인(CleanCoin)에 따르면, 비트코인 전체가 소모하는 에너지가 뉴질랜드 전체에 버금가는 탄소를 배출한다.[13]

생애 첫 NFT 만들기

NFT를 생성하는 몇 가지 방법이 있다. ERC 스마트 계약을 개발해 본 사람은 ERC - 721 표준에 기반한 스마트 계약서만 작성하면 된다. 그러나 예술가들은 소프트웨어 개발자가 아니기 때문에 NFT 마켓플레이스를 사용하기가 쉽지 않다.

프로그래밍에 접촉하지 않고도 모든 종류의 NFT를 만들 수 있는 사용자 친화적인 환경을 제공하는 NFT 마켓플레이스가 있다. 콘텐츠 웹 관리자(content web managers)를 오픈소스로 제공하는 워드프레스(Wordpress)처럼, NFT 마켓플레이스도 예술가들에게 사용자 친화적인 대시보드를 제공한다.

NFT 마켓플레이스 중에서 인기가 많고 사용하기 쉬운 라리블에서 NFT를 생성하는 과정을 단계별로 살펴본다.

rarible.com 웹사이트에 들어가 상단에서 'Sign In'을 클릭하면 목록에서 선택할 수 있는 지갑 유형이 나온다. 그중에 메타마스크(MetaMask) 지갑을 사용해 보자.

메타마스크를 아직 설치하지 않은 경우에는 설치하라는 메시지가 표시된다. 크롬 브라우저에서 rarible.com 웹사이트에 접속했다.

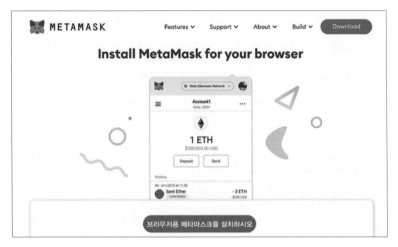

그림 14-2 크롬용 메타마스크 설치하기

그림 14-3 'Add to Chrome' 버튼 클릭하기

'Add to Chrome'를 클릭하여 메타마스크를 설치한 다음 'Add Extension'을 클릭한다. 백그라운드에서 메타마스크가 설치되면 기존의 메타마스크 지갑을 불러오거나 새 지갑을 만들 수 있다.

화면이 나타나면 암호를 만든다. 암호를 잊어버리지 않기 위해 반드시 필요한 수단을 강구해야 한다. 지갑을 안전하게 지키는 방법

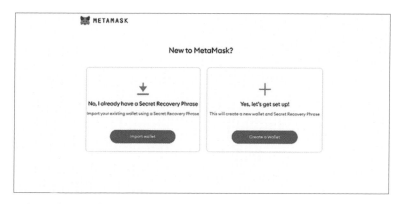

그림 14–4 기존의 메타마스크 지갑을 불러오거나 새 지갑 만들기

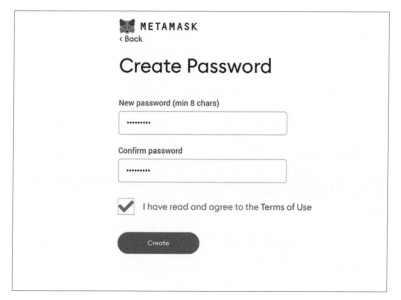

그림 14–5 메타마스크 암호 만들기

에 대한 안내 비디오를 반드시 시청한다. 특히 당신의 비밀번호 복구
문구(secret recovery phrase)는 반드시 메모해 둔다. 작업을 마치면 '다
음'을 클릭한다. 다음 화면에서 비밀번호 복구 문구를 확인하라는

메시지가 표시된다.

비밀번호 복구 문구를 확인한 후 rarible.com으로 돌아가 'Sign In'을 클릭한다. 그다음 'Sign In with MetaMask'를 클릭하면 메타마스크 지갑이 나타난다. 라리블 웹사이트 상단의 'Create'를 클릭한 후 다시 'Sign In with Flow'를 클릭한다(NFT를 만드는 데 가장 저렴한 Flow를 선택했다). Flow 계정이 없으면 전자메일 주소로 등록하라는 메시지가 표시된다. 그러면 지시에 따라 약관에 동의한다.

연결되면 다시 'Create'로 이동해 'Single'과 'Multiple' 중에 NFT 유형을 선택한다. 여기서 'Single'을 선택했다.

'Single'을 클릭하면 만들고자 하는 디지털 파일을 업로드할 수 있는 옵션이 제공된다. 여기서 업로드할 디지털 파일을 준비해 놓아야 한다. 당신이 만든 NFT가 당신이 만든 예술 작품의 디지털 권리 증서가 될 것이다.

다음 단계는 판매 조건을 입력하는 것이다. 2022년 1월 5일 현

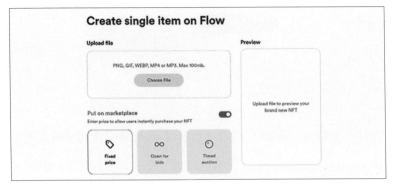

그림 14-6 Flow에서 단일 항목 만들기

재 Flow당 가격이 9.24달러임을 염두에 두고, Flow에 판매 가격을 입력한다. 제목, 설명, 로열티 비율을 지정한다. 컬렉션으로 'Rarible'을 선택한 다음 'Create'를 클릭한다. 그리고 'Approve'를 클릭해 NFT를 생성한다. 일반적으로 NFT를 만들려면 수수료를 지불해야 하지만, Flow는 무료로 거래된다.

이제 당신이 새로 만든 NFT의 증서가 나타날 것이다.

'View NFT'를 클릭하면 당신의 디지털 작품이 판매되는 것을 볼 수 있다. 판매에서 제거하거나 잠재 고객에게 NFT를 공유할 수 있는 옵션도 있다. NFT 판매 수익금은 메타마스크 지갑에 예치된다.

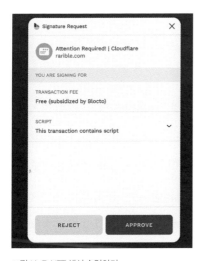

그림 14-7 NFT 생성 승인하기

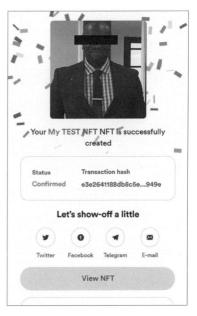

그림 14-8 새로 생성된 NFT!

NFT 신탁 기관으로서 정부 등록 기관

현재는 대체 불가능 토큰에 대한 규제가 전혀 없다. NFT는 아직 세계 어느 곳에서도 지적재산권이나 물리적 재산권으로 인정되지 않고 있다. 이 때문에 NFT를 규제하는 것은 매우 복잡한 문제다. 그러나 NFT 시장이 성숙해지면 NFT를 어떻게 인식하고 법적으로 구분해야 하는지에 대한 정부 규제와 체계가 등장할 것이다.

기존 NFT는 물론 신규 NFT을 검증하는 신탁 기관의 역할을 할 블록체인 기반 정부 등록 기관이 나타날지도 모른다.

물론 아직 그런 시스템이 나오지도 않았고, 어떻게 작동할지 정의된 것도 없다. 그러나 유사한 적용 사례와 현재 이루어지고 있는 혁신이 좋은 아이디어를 제공한다.

탈중앙화 자율조직(DAO)

블록체인에서 지적재산권과 물리적 재산권을 토큰화하기 위해서는 자체 검증 신탁 기관으로 DAO 네트워크를 사용하는 것이 이상적이다. 예를 들어 '신탁 기관'이 매일 날씨나 정당 후보가 받은 득표수와 같은 외부 세계의 정보를 이더리움 같은 블록체인으로 전송한다. 그러면 블록체인의 스마트 계약이 이 정보를 사용해 돈을 찍어내야 할 것인지, 그리고 누구에게 분배할 것인지를 결정할 수 있다. 이런 유형의 NFT 신탁 기관이 아직 존재하지는 않지만, 몇몇 분산형 금융 플랫폼들은 가격과 같은 외부 데이터에 대해 분산형 가격 신탁 기관을 이용할 수 있다.

마찬가지로 NFT를 검증하는 정부 등록소로 중앙집중식 블록체인 신탁 기관이 유용하다. 그럴 경우 해당 NFT가 정부 승인을 받아야 하기 때문에 지적재산권과 물리적 재산권을 나타내는 NFT에 이상적이다.

저작권 침해와 NFT를 통한 소유권 검증

NFT 시장은 대부분 규제가 없기 때문에 NFT로 만들어진 미술품의 도용이 급속도로 확산되고 있다. "유명 일러스트레이터 데렉 라우프만(Derek Laufman)의 작품이 NFT로 만들어져 작가의 허락도 없이 팔리고 있다."[14] 오픈시의 사기 계정을 가진 누군가가 자신이 라우프만이라고 주장하며 그의 소셜미디어 계정에서 예술품을 팔고 있었다.

라우프만은 NFT 도용 희생자가 된 많은 예술가들 중 한 명일 뿐이다. 그 과정은 아주 간단하다. 작가의 작품을 NFT 마켓플레이스나 경매 사이트에서 NFT로 만들어 자신의 작품이라고 속여 팔거나, 원작자인 미술가를 사칭해 판매한다.

NFT를 검증하는 표준화된 방법은 아직 없다. 그러나 향후 몇 년 이내에 디지털 권리 관리(DRM, Digital Rights Management) 시스템이 NFT 생성 플랫폼 및 NFT 마켓플레이스와 결합되면 NFT 소유권을 특정 개인이나 기업으로 제한할 수 있다.

예를 들어 NFT가 구글 인증기(Google Authenticator) 같은 이미 확립된 인증 도구에 통합되고, 이런 인증 DRM 시스템에서 QR 코드를 통해 토큰 ID를 확인할 수 있다. 또 NFT 포트폴리오의 저장, 인증 및 관리에 사용되는 특수 모바일 기기, 데스크톱, 주변 기기들(킨들이나 하드웨어 지갑과 유사)도 볼 수 있다.

NFT의 미래

비트코인과 마찬가지로 NFT도 언젠가는 우리 삶의 모든 측면에서 자리 잡게 될 것이다. 전 세계의 정부 등록소들이 누가 무엇을 소유하고 있는지 검증하는 신탁 기관의 역할을 하면, 모든 형태의 재산권은 결국 토큰화되어 고유한 개인 키가 부착된다.

대체 불가능한 토큰이 대체 가능한 토큰으로 분할되면, NFT가 유동성 목적으로 분산형 금융 플랫폼과 병합될 것이다. 그리고 NFT는 대출을 받기 위한 담보 역할을 할 때가 올 것이다.

우주가 진화하는 방식이 그랬던 것처럼, 우리가 보게 될 진화도 정말 제한이 없다.

15장
블록체인과 메타버스

메타버스는 페이스북이 메타로 회사 이름을 바꾸면서 빠른 속도로 널리 확산되었다. 15장에서는 메타버스가 모든 인터넷, 그리고 가상현실과 증강현실 기술과 얼마나 깊이 관련되어 있는지 전반적으로 설명한다. 또한 메타와 마이크로소프트 같은 세계 최고 기술 기업들이 자신들의 제품과 서비스는 물론 그들의 주요 고객들과 함께 진행하고 있는 계획들도 언급할 것이다.

이어서 웹 3.0이 메타버스의 철학적, 기술적 특징에 얼마나 중요한 부분을 차지하는지와 함께 웹 3.0이 블록체인과 메타버스 간의 상호 의존성을 높이는 데 어떻게 도움되는지도 알아본다.

마지막으로 메타버스에서 가상 부동산에 대한 아이디어, 그리고 메타버스에서 건물을 설계하는 데 필요한 기술들에 대해서도 간단하게 살펴본다.

메타버스란 무엇인가?

메타버스가 정말로 무엇인지에 대해 보편적인 정의는 없다. 어떤 사람들은 메타버스가 단지 인터넷의 더 멋진 계승자에 지나지 않는다고 생각한다. 기술 전문 잡지 '와이어드(Wired)'에 따르면, 메타버스라는 단어가 사용된 문장의 90%는 메타버스를 사이버 공간이라는 단어로 대체해도 의미상 차이가 없다고 한다.[1]

개인 혁신의 필요성을 역설하는 인기 연설가 니키 베르디(Nicky Verdi)[2]는 〈메타버스와 인터넷의 차이〉라는 기고문에서 "사람들은 인터넷을 통해 웹사이트, 게임, 소셜미디어 플랫폼 등에서 친구들과 끊임없이 상호작용하고 있다."라며, 메타버스는 여기서 한 걸음 더 나아가 사용자가 그런 상호작용의 한가운데로 몰입하는 것이라고 말한다.

메타버스는 현실의 경험을 가상현실과 증강현실로 확장해 줄 것이라고 약속한다. 사용자들은 인공지능, 소셜미디어, 온라인 게임, 암호화폐 같은 기술을 이용해 가상공간에서 더 깊은 상호작용을 하게 될 것이라는 뜻이다. 메타버스에서는 사용자들이 콘서트, 컨퍼런스, 가상 세계 여행 등 모든 것을 통해 친구들과 일하고, 놀고, 연결될 수 있다.[3]

"인터넷은 다른 사람들과 직접 대면하지 않고도 온라인으로 접속할 수 있는 것이고, 메타버스의 기본은 인간의 디지털 상호작용이다. 메타버스는 사람들이 일, 교육, 운동, 심지어 단순한 재미를 위해 가상우주를 함께 공유하는 개념이다."

메타버스의 핵심은 실시간으로 접속해 상호작용하는 가상의 3D 환경이 사회적 참여와 기업 활동을 위한 혁신적 변환의 매개체라는 것이다. 메타버스는 2024년까지 8,000억 달러 규모로 성장할 수 있는 잠재력을 가지고 있다. 그때쯤 되면 사용자들이 메타버스에서 상품과 서비스를 만들고 사고팔 수 있을 것이다. 메타버스는 상호운용성(interoperability, 같은 기종 또는 다른 기종의 기기끼리 통신하는 것 – 옮긴이)을 촉진해 사용자는 옷이나 자동차 같은 가상의 상품들을 한 플랫폼에서 다른 플랫폼으로 이동할 수 있을 것이다.

암호화폐 투자회사 그레이스케일(Grayscale)에 따르면, 디지털 세계가 지금의 속도로 우리의 일상 속에 계속 자리 잡으면 메타버스가 1조 달러 이상의 시장 기회를 창출할 것이라고 말한다.[5] 우리가 현재 프로필 사진을 한 소셜 네트워크에서 다른 소셜 네트워크로 옮기는 것만큼 빠르게, 메타버스에서는 당신이 만든 아바타를 어디로든 가져갈 수 있다. 이런 메타버스의 비전은 웹 3.0과 호환되는데, 웹 3.0은 사용자가 온라인에 올린 데이터를 더 강하게 통제할 수 있는 분산 인터넷 서비스를 포괄하는 용어다.

미국의 SF 작가 닐 스티븐슨(Neal Stephenson)은 1992년 소설 《스노 크래시(Snow Crash)》에서 실제 사람들의 아바타가 거주하는 3D 가상세계를 지칭하는 의미로 '메타버스'라는 단어를 처음 사용했다. 이후 메타버스는 인터넷의 미래가 되었다. 메타버스라는 말은 가상현실이나 증강현실 같은 새로운 기술과 실시간 3D 세계 등 온라인 인프라를 모두 압축하는 표현이다.

페이스북이 회사 이름을 메타로 리브랜딩한 것도 마크 저커버그가 메타버스를 인터넷의 미래로 여기기 때문이다. 하지만 페이스북이 소셜미디어 플랫폼의 수익을 더 높이기 위한 마케팅 전략에 불과하다는 회의론자들도 있다. 그러나 페이스북은 틀림없이 메타버스의 성패를 좌우할 중요한 기술회사임은 부정할 수 없다. 페이스북은 메타버스를 "당신이 살고 있는 물리적 공간에 함께 있지 않은 다른 사람들과 함께 만들고 탐험할 수 있는 일련의 가상공간"이라고 정의한다.[6]

디지털 아바타가 가상현실(VR) 헤드셋을 쓰고 일, 여행, 엔터테인먼트를 통해 연결하는 세상을 꿈꾸는 마크 저커버그는, 메타버스의 이런 기능이 주류로 등장하기까지 앞으로 5~10년은 더 걸릴 것이라고 추정한다.[7]

〈스타트렉: 넥스트 제너레이션(Star Trek: Next Generation)〉은 홀

로덱(holodeck)이라는 아이디어를 소개했다. 홀로덱은 우리가 상호작용하고 심지어 시각, 촉각, 청각까지 느낄 수 있는 3D 홀로그램이다.

메타는 2021년 8월 29일, 가상현실 헤드셋을 쓰고 회사 동료들의 아바타를 가상회의실[9] 안에 모으는 새로운 기술인 호라이즌 워크플레이스(Horizon Workplace)[8]를 발표했다.

XR(extended reality, 가상현실, 증강현실, 혼합현실 등을 아우르는 확장현실 - 옮긴이) 신경 인터페이스 기기를 착용하고, 만화 같은 아바타가 아니라 거울을 보고 당신이 직접 선택한 홀로그램을 볼 수 있다고 상상해 보라. 기술자들은 구부릴 수 있는 전자 기기와 사람들의 손가락에 끼거나 손목에 차고 촉각을 시뮬레이션할 수 있는 감지 기술을 개발하고 있다. 머지않아 지구 반대편에 있는 동료들의 홀로그램을 만나 실제로 악수하는 느낌을 느낄 수 있을 것이다.[10]

21세기의 과학자들은 현대의 기술들을 이용해 여러 종류의 홀로그램을 만드는 방법을 개발하고 있다. 일부는 이미 의료 시스템, 교육, 예술, 보안 및 국방 분야에서 사용되고 있다.[11] 홀로그램은 우리가 상호작용하는 방식을 바꿀 수 있다. 워싱턴 D.C.의 한 회사는 최첨단 기술을 사용해 음악, 게임, 훈련 비디오 같은 몰입형 환경에서 작동하는 진짜 같은 동영상 아바타를 만들고 있다.

메타버스를 구성하는 기술에는 다음과 같은 것들이 있다.

- 확장현실(XR) - 증강현실, 가상현실, 혼합현실이 결합된 개념으로, 사용자의 상호작용과는 별개로 계속 존재한다.

- 실시간 3D 컴퓨터 그래픽과 개인화된 홀로그램 아바타.
- 오디오, 비디오, 게임 등의 통합된 멀티미디어 상호작용.
- 정형화된 게임처럼 경쟁에 몰두하지 않고, 목표 지향적인 다양한 개인 대 개인의 사회적 상호작용.
- 사용자가 가상 상품, 서비스 및 환경을 만들 수 있도록 지원.
- 현실세계의 시장과 경제 시스템의 통합으로 상거래 촉진.

2021년 10월 기준, 시가총액 2조 5,000억 달러에 육박하는 세계 최대 기업 마이크로소프트는 이미 홀로그램을 사용하고 있으며, 메시 플랫폼(Mesh, 홀로렌즈 헤드셋을 사용하는 혼합현실 시스템으로, 서로 다른 위치에 있는 사용자들이 홀로그램으로 다른 경험을 할 수 있다. – 옮긴이)을 위한 확장현실(XR) 앱을 개발하고 있다. 마이크로소프트는 2022년에 회의 플랫폼 마이크로소프트 팀스(Microsoft Teams)에 홀로그램과 가상 아바타 등 혼합현실을 도입하는 중이다. 마이크로소프트는 소매업과 마켓플레이스에 사용될 수 있는 3D 가상 연결 공간도 구축하고 있다. 또한 미 육군과 협력해 군인들이 훈련하고, 연습하고, 모의 전투를 할 수 있는 증강현실(AR) 홀로렌즈 2(Hololens 2) 헤드셋도 개발하고 있다.

표적 시장

2021년 8월, 시장조사 업체 포레스터(Forrester)는 미국과 영국 전역에 걸쳐 1,263명의 온라인 성인 소비자를 대상으로 메타버스에 대한 인식을 파악하는 조사를 실시했다. "메타버스를 탐험하는 데 시간을 보내고 싶다."고 답한 응답자는 미국인 23%, 영국인 17%에 불과했다. 미국인 29%, 영국인 33%는 메타버스가 무엇인지 전혀 이해하지 못하고, 심지어 미국인 27%, 영국인 36%는 메타버스가 우리 삶에서 필요하지 않다고 응답했다.[12]

그러나 이것은 성인을 대상으로 한 조사이다. 메타버스의 주 이용자는 적어도 MZ세대이다.[13] 밀레니얼 세대는 1980년에서 1995년 사이에 태어난 사람들로, 미국에는 대략 8,000만 명이 있다. Z세대는 1996년부터 2000년대 초중반에 태어난 사람들(16~26세)로 미국에 약 9,000만 명이 있다.[14]

메타버스가 중요한 이유

NFT와 암호화폐 같은 블록체인 기술이 현실세계의 상거래와 가상세계의 상거래 간의 경계를 모호하게 만들고 있다. 이에 따라 유명 브랜드 기업들도 자신들의 상품과 서비스를 메타버스에서 이용할 수 있도록 박차를 가하고 있다. 예를 들어 나이키는 최근 가상 브랜드의 운동화와 의류를 만들어 판매하겠다는 의사를 밝히고 상표를 출원했다.

특히 코로나 대유행 이후 디지털 활동에 더 많은 관심이 집중되면서 디지털 세계와 물리적 세계가 점차 합쳐지는 경향을 보이고 있는데, 이 또한 메타버스가 상당한 열풍을 불러일으킨 이유다.

하지만 메타버스가 정말 영화 〈매트릭스(Matrix)〉에 나온 것처럼 현실과 구분되지 않을까? 과연 미래에는 우리가 현실과 구별할 수 없는 확장현실로 연결될까?

실제로 우리의 뇌를 디지털 기기에 연결해 본래 용량을 확장하거나 복제하는 기술이 계속 등장하고 있다. 예를 들어 2019년 10월, 미국 과학자들은 운동과 관련된 뇌세포인 운동피질의 구조를 인식하는 데 성공했다고 보고했다. 또 신경과학 분야의 권위 있는 전문 잡지 〈사이언티픽 아메리칸 마인드(Scientific American Mind)〉[15]는 인간의 마음을 읽거나 조절하는 기술이 도래하고 있다고 게재했다. 과학자들은 머신러닝 기술을 활용해 뇌의 복잡한 활동 패턴을 분석하고, 그들이 무엇을 생각하고 무엇을 경험하고 있는지를 감지할 수 있다.

스웨덴의 통신회사 에릭슨(Ericsson)이 펴낸 2030년 소비자 동향 보고서는 증강현실, 가상현실, 디지털 비서 등과 같은 소비자 기술의 얼리어댑터들은 인간이 생각만으로 전자기기를 제어할 수 있다고 믿는다고 보고하고 있다. 앞으로 10년 후면 소비자들은 다른 사람들과 텔레파시로 생각을 공유할 것이라고 말이다.[16] 일론 머스크 같은 사람들은 머지않은 미래에 우리 뇌에 칩을 심고, 그 칩이 키보드, 마우스, 터치스크린, 조이스틱, 조종기 등을 대체할 것이라고 한다.

프랑스의 신경기술 회사 넥스트마인드(NextMind)는 사용자가 머리에 착용하면 뇌파를 변환해 호환 소프트웨어를 제어할 수 있는 비삽입형 신경 인터페이스를 개발했다. 간단한 작업(생각만으로 문자 메시지를 보내거나 휴대폰 카메라에 담긴 사진을 불러오는 일)을 하는 등, 결과적으로는 생각으로 물리적 장치를 제어하는 것이다.[17]

과학자들과 기업가들은 우리의 뇌가 가상세계와 상호작용해 미각, 촉각, 청각, 후각, 시각을 느낄 수 있는 디지털 생물학적 인터페이스를 개발하고 있다. 언젠가는 영화〈매트릭스〉처럼 신경 인터페이스를 우리의 뇌에 직접 연결해 신체 기능의 감각을 복제할 수 있을 것이다.[18]

　　예일대학교의 신경과학자들은 우리의 생각과 감정을 불러일으키는 뇌파를 발사하는 뉴런들은 여타의 뉴런들처럼 빨리 늙지 않는다는 것을 발견했다. 신경과학자들은 또 2013년에 쥐의 뇌가 신체보다 두 배 더 오래 살 수 있다는 사실을 입증했다.[19] 과학자들은 우리의 정신이 우리의 신체보다 훨씬 더 오래 살 수 있다고 추정한다. 영국의 일간지〈가디언(Guardian)〉은 2019년 기사에서 "당신의 정신이 인터넷에서 영원히 산다면 어떻게 될까?"라는 의문을 제기했다. 우리가 컴퓨터 시뮬레이션으로 재현할 수 있을 만큼 자세하게 사람의 뇌를 스캔할 수 있다면, 과연 그 사람의 마음, 기억, 감정, 그리고 성격까지 복제할 수 있을까? 결국 그 사람의 디지털 버전이 되어 영원히 존재할 수 있을까? 이런 미래의 가능성을 마인드 업로딩(mind uploading, 인간의 의식을 데이터화해서 컴퓨터 같은 인공물에 전송하는 것 – 옮긴이)이라고 한다. 뇌와 의식을 연구하는 신경과학은 어떤 물리적 법칙도 그것을 막을 수 없다고 주장한다.

웹 3.0이란?

웹 2.0은 2000년대 중반부터 현재의 웹 버전이다. 강력한 안드로이드 기기와 아이폰의 확산으로 언제 어디서든 소셜미디어에 연결할 수 있다.

결과적으로 웹 2.0은 새로운 웹 중심 비즈니스 모델에 적응하지 못한 소매, 엔터테인먼트, 미디어, 광고에 엄청난 타격을 주었다.

구글, 아마존, 페이스북, 트위터 같은 플랫폼들이 등장해 웹 2.0의 인프라를 구축하며 사회적 연결과 상거래를 더 쉽게 만든 것은 주지의 사실이다. 그러나 이런 회사들이 너무 많은 권력을 축적했다고 우려하는 비판론도 있다.

뉴욕대학교에서 인터넷의 미래에 대해 가르치며 베를린에 기반을 두고 있는 예술가이자 연구원인 맷 드라이허스트(Mat Dryhurst)는 이렇게 말한다.

"이 모든 기술을 소유한 소수의 회사가 있고, 그들의 플랫폼을 이용하는 우리가 있다. 그들의 성공에 기여한 것은 그들의 플랫폼을 이용하는 우리이지만, 정작 우리에게는 성공의 대가가 아무것도 없다."[20]

메타버스가 블록체인에 의존하고 있는 3가지 주요 영역은 다음과 같다.

- 탈중앙화
- 알트코인 또는 암호화폐
- NFT

탈중앙화

웹 3.0의 목적은 분산되고 개방적이며 자율적인 소셜네트워크, 검색엔진, 그리고 효용성이 더 뛰어난 전자상거래 시장이 있는 새로운 버전의 인터넷을 통해 보다 평등한 세상을 만드는 것이다. 웹 3.0의 탈중앙화는 블록체인 분산원장 기술(DLT)의 인프라를 기반으로 구축된다.

메타(페이스북)가 명시한 원칙들[21] 중에 '강력한 상호 운용성'은 사용자가 사이트와 서비스 간에 데이터(아바타 포함)를 원활하게 이동하는 것을 말한다. 그러나 페이스북 같은 강력한 웹 2.0 회사들은 항상 이익에 따라 움직이기 때문에 메타버스에서 그들이 설 자리는 없을 것이라고 생각하는 회의론자들도 있다.[22]

탈중앙화 외에 웹 3.0의 특징은 허가가 필요 없고, 믿을 만한 중개자도 필요 없다는 것이다. 웹 3.0은 중앙 당국의 통제를 받지 않기 때문에 허가를 필요로 하지 않는다. 웹 3.0의 세계에서 사람들은 자신의 데이터를 직접 통제하고, 개인화된 단일 계정을 사용해, 소셜미디어에서 이메일, 쇼핑에 이르기까지 모든 활동을 블록체인에 공개 기록으로 남긴다. 또 웹 3.0은 여러 당사자 간의 거래를 위해 신뢰할 만한 중개자를 찾을 필요가 없다. '13장 탈중앙화 금융'에서도 웹 3.0의 기능인 DeFi가 은행이나 정부 등 중앙 통제형 당국 없이도 블록체인상에서 실제 금융 거래를 원활하게 실행할 수 있다는 내용을 설명했다.[23]

스마트 계약과 탈중앙화 자율조직(DAO)을 실현하는 블록체인은 디지털을 실리콘밸리 거대 기업의 소유가 아니라 DAO가 참여할 수 있는 가능성을 제공한다. DAO는 디지털을 사용해 안전한 투표 과정에 참여하고, 스테이킹 같은 첨단 블록체인 기능을 활용하는 사람들이 모여 함께 소유하고 통제하는 커뮤니티다. 스테이킹은 암호 화폐를 많이 보유함으로써 자신의 거래를 확인하는 수단으로, 참여 자들은 보유 자산에 대한 보상을 얻을 수 있다.

골드만삭스는 연구 보고서에서 블록체인 기술이 메타버스와 웹 3.0의 중심이라며, "중앙 당국과 독립적인 모든 가상 객체를 고유 한 방식으로 확인할 수 있는 유일한 기술"이라고 언급했다. 소유권 을 식별하고 추적하는 능력이 메타버스의 기능에 매우 중요한 역할 을 한다. 이 보고서는 또 블록체인이 '중앙집중식 통제를 어느 정도 제거'하는 역할도 한다고 말했다. 앞으로 사용자들은 메타, 구글, 애 플 같은 제3자 없이도 웹 3.0에 로그인할 수 있다는 의미다.[24]

메타버스에서 암호화폐

메타버스를 확장현실, 그러니까 우리가 집에 머물러 있으면서 도 사회적 교류나 상업적 활동에 완전히 몰입할 수 있는 가상세계나 증강세계라고 상상해 보라. 메타버스가 정말 웹 2.0의 확장 버전이 라면, 사람들은 상거래의 필요성과 욕구를 예측할 수 있는 곳에서 상 품과 서비스를 거래하기를 원할 것이다.

진정한 가상현실이 광고하는 대로 작동하고 기능하려면 모든 거래가 안전하고 추적 가능하고 투명해야 하며, 거의 즉각적으로 이

뤄져야 한다. 메타버스 참여자들도 직접 대면하는 것처럼 원활하게 신뢰할 수 있는 거래를 수행해야 한다. 이런 점에서 볼 때 메타버스가 경제적 잠재력을 제대로 발휘하기 위해서는 블록체인 암호화폐와 토큰이 필수적이다.

메타버스 플랫폼 디센트럴랜드(Decentraland)를 예로 들어보자. 이 플랫폼의 사용자들은 마나(Mana)라는 암호화폐를 사용해 가상토지를 구입한다. 최근에는 한 투자자가 240만 달러에 가상토지를 매입했다.[25] 또 앞서 언급한 것처럼 나이키도 운동화와 의류의 디지털 버전을 메타버스에서 판매할 계획이다. 또 카리브해의 섬나라 바베이도스 정부는 디센트럴랜드를 통해 메타버스에 세계 최초의 대사관(메타버스 대사관)을 개설했다.[26]

DeFi 분야가 계속 성장함에 따라 대출, 차입, 거래, 투자 등의 금융 서비스가 메타버스에서 중요한 역할을 할 것으로 예상되며, 암호화폐(스테이블 코인을 포함해서)는 가장 기초적이고 필수적인 기능을 하게 될 것이다.[27]

웹 3.0 프로젝트는 참여자들이 필요한 것들을 만들고 통제하고 기여하도록 동기부여를 하는 금전적 인센티브를 제공하기 위해 암호화폐(웹 3.0 토큰)에 크게 의존할 것이다. 사람들은 기술적인 면으로나 비기술적인 면으로나 다양한 방법을 통해 프로젝트에 참여해 생계를 유지할 것이다. 이런 프로젝트들은 웹 2.0 시대에 클라우드 제공자의 컴퓨팅, 네트워킹, 스토리지 및 ID 관리 서비스 같은 다양한 인프라 관련 서비스를 제공할 것이다. 웹 3.0 토큰은 분산형 인터넷을 만드는 비전과 관련된 디지털 자산이라고 할 수 있다.

웹 3.0 프로젝트의 한 예로, 비디오 인프라 제공자와 스트리밍 애플리케이션을 위한 마켓플레이스를 제공하는 이더리움 기반의 라이브피어(Livepeer)[28]가 있다. 또 다른 예는 소비자와 중소기업들에게 웹 3.0 토큰으로 보상을 주는 헬륨(Helium) 프로젝트이다. 헬륨은 무선통신망을 공급하면서 무선 네트워크를 블록체인 위에 올려 사물인터넷(IoT) 기기를 연결한다. 탈중앙화라는 비전에 따라, 독점체제를 구축하고 있는 클라우드 서비스인 아마존 웹 서비스(AWS)와 마이크로소프트의 애저 같은 불필요하고 자주 낭비되는 중개자들은 사라질 것이다.

또 다른 예로는 레딧(Reddit)[29]을 들 수 있다. 레딧은 웹 3.0 토큰을 활용해 사용자들이 자신이 참여하는 현장 커뮤니티의 일부를 근본적으로 제어하는 계획을 가지고 있다. 사용자들이 레딧 사이트의 특정 게시판 섹션인 서브레딧(subreddit)에 게시물을 올리면 커뮤니티 포인트를 얻을 수 있다. 사용자들은 자신의 게시물이 얼마나 많은 추천을 받았는지에 따라 더 많은 포인트를 얻는다. 사용자들은 특정 서브레딧에 게시해서 얻은 '커뮤니티 포인트'를 사용할 수도 있다. 사용자는 특정 게시물에 얼마나 많은 사용자가 추천 또는 반대했느냐에 따라 점수를 매긴다(레딧 카르마Reddit Karma라는 블록체인 버전을 간단하게 설명한 것이다).

NFT

'14장 대체 불가능 토큰(NFT) 만들기'에서 NFT가 어떻게 블록체인에서 널리 확산되었는지를 설명했다. NFT는 콜린스 사전이 선정한 2021년 올해의 단어이기도 하다.[30] 이 단원에서는 NFT가 어떻게 메타버스에서도 필수적인 역할을 하게 되는지 설명할 것이다. NFT는 연결된 디지털 자산의 소유권을 입증하는 블록체인 토큰이다. NFT를 암호화된 소유권 증서라고 생각할 수 있다. NFT는 일반적으로 디지털 예술 작품을 거래하는 데 사용되었지만, 이론적으로는 가상 아바타, 게임, 책, 가상 부동산, 심지어 실제 자산 등 모든 것에 연결될 수 있다. 메타버스에서 토큰은 사용자 인증뿐만 아니라, 사용자가 특정 출처나 서비스에 접속할 수 있는 권한을 증명하는 데도 필수적이다.

메타버스에서 서비스를 구축하고 거래하고 투자하는 능력도 어느 정도는 NFT에 크게 의존할 것이다. 누군가 특정 물건의 정당한 소유자라는 것을 증명하는 데도 NFT가 사용될 수 있다.

메타버스 설계

메타버스는 가상토지와 부동산 가격의 급등을 예고하고 있다. 예를 들어 블록체인 기반 온라인 플랫폼인 디센트럴랜드에서 최근 땅 한 구획이 90만 달러에 팔리기도 했다.[31]

메타버스에서 건물이나 건축의 개념은 무엇을 의미하는 것일까? 가상토지와 가상건물을 임대하거나 판매할 수 있는 플랫폼으로는 디센트럴랜드, 샌드박스, 크립토복셀(Cryptovoxels) 등이 있다. 이런 플랫폼에서 사용자들은 회의를 열고, 건물을 만들고, 거래에 참여하고, 사회적 행사를 주최한다. 메타버스는 레크리에이션, 교육, 비즈니스 및 엔터테인먼트를 위한 가상경험을 제공한다. 메타버스 설계자는 소프트웨어 개발자와 협력해 자신만의 디자인을 만들 수 있으며, 여기에서 NFT가 암호화된 소유권 증서를 제공할 것이다.

디센트럴랜드는 단순한 가상건물을 구축하는 것을 시작으로 2020년 사용자들에게 플랫폼을 개방했다. 2021년이 되자 쇼핑몰, 카지노, 행사장, 미술관 같은 가상부동산에 많은 사람들이 몰려들었다. 가상건물은 기본적으로 제품 및 서비스 정보, 자원, 로고 및 마케팅 카피 같은 웹 기반 정보에 대한 링크들이 있는 브랜드 공간이다. 대표적인 건물로는 라리블(Rarible), 윙클보스 캐피털(Winklevoss Capital), 코인게코(CoinGecko), 패션코인(Fashion Coin) 등이 있다.

암호화폐 거래소 바이낸스 미국(Binance US)과 크라켄(Kraken)은 DJ를 초청해 음악을 연주하고 행사 전문가까지 초대해 게스트를 환영하고 그들이 가상공간을 탐색하도록 돕는다. 실제로 이 건물들에서 열리는 재미있는 행사에 참석해 연예인들을 만나고 어울릴 수 있다.

디센트럴랜드는 일반적으로 전략적 파트너와 유명 고객을 위해 건물을 만든다. 메타버스에는 상업적인 건축 서비스를 제공하는 제작 스튜디오도 있다. 이런 스튜디오들은 대개 고객의 가상토지의 건축과 건설 관리를 담당한다.

메타버스 제작 스튜디오로는 댑크래프트(DappCraft)가 있다.[32]

댑크래프트는 2019년부터 블록체인 기반의 스마트 계약을 통합해 간단한 사무실부터 가장 복잡한 아이디어에 이르기까지 건설 주문을 수주하고 있다.

댑크래프트 웹사이트[33]에는 건설 팀의 구성에 중요한 전문가들이 나열되어 있다.

1. 백엔드 프로그래머. 서버 사이드 애플리케이션 로직 및 API 통합을 담당한다.

2. 데이터베이스 관리자. 백엔드 데이터 모델의 관리를 담당한다.

3. 프런트 엔드 프로그래머. 사용자 인터페이스 레이어의 프레젠테이션을 담당한다. 게임 산업에 대한 전문지식을 가진 사람 선호.

4. 3D 모델러. 3D 가상건물의 구조 설계, 모델링 및 렌더링(초벌)을 담당한다.

5. 애니메이터. 전체 애니메이션 경험을 3D로 만드는 일을 담당한다.

6. 블록체인 프로그래머. 블록체인 기반 탈중앙화 코딩, NFT, 스마트 계약, 알트코인 통합을 담당한다.

7. 매니저. 프로젝트 관리를 담당한다.

8. 솔루션 설계자. 전반적인 구조, 설계, 기술 제공을 담당한다.

9. 하드웨어 전문가. VR/AR 헤드셋 및 신경 인터페이스 장치 같은 모든 관련 하드웨어 통합을 담당한다.

부록

계약 및 기록 관리를 위한 블록체인

여기서는 블록체인 기술이 계약 및 기록 관리를 위해 구체적으로 제공하는 몇 가지 솔루션들을 설명할 것이다. 또한 보안 및 기밀 유지, 데이터 규정 준수, 비즈니스 효율성, 기록 관리 및 지적재산권 인증의 의미, 워크플로 기능성도 다룰 것이다.

IT 분야 전문 조사기관 가트너 리서치(Gartner Research)는 비용을 절감하고 수익을 창출할 수 있는 기회를 제공하는 4대 주요 블록체인 비즈니스 이니셔티브 중 하나로 기록 관리(records management)를 들고 있다. 이 기술은 모든 기록 관리 프로세스에 영향을 미치며 기능을 확장할 수 있는 잠재력을 가지고 있다.[1]

여기에서는 기록 관리와 관련된 구체적인 과제와 블록체인이 이를 해결하는 데 어떤 도움이 될 수 있는지를 간략히 설명한다.

보안 및 기밀 유지

신원 확인 기술회사인 4iQ에 따르면, 데이터 침해 발생 건수는 2018년 한 해 동안 무려 400% 넘게 증가해 150억 건을 기록했다.[2] IBM과 시장조사 기관 포네몬 연구소(Ponemon Institute)가 공동 발표한 최근 데이터 침해 보고서에 따르면, 2021년 데이터 침해 비용은

424만 달러로, 2019년의 386만 달러보다 평균 비용이 10% 증가했다.[3]

실제로 조사 대상 기업의 88%가 데이터에 대한 통제력을 상실하고 있다고 느꼈다.[4]

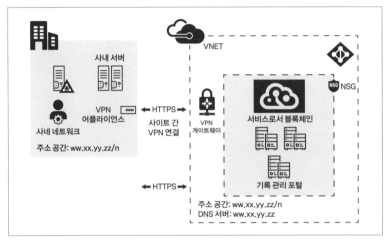

부록 그림 1 기록 관리와 블록체인의 통합

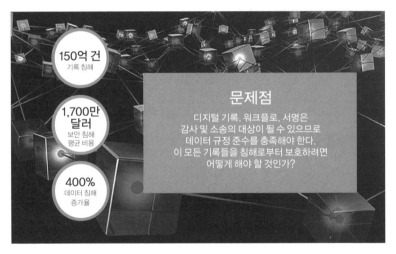

부록 그림 2 기록 관리가 직면하고 있는 문제들

데이터 규정 준수

오늘날에는 많은 기업들이 하나 이상의 국가에서 운영되기 때문에 여러 가지 규제에 직면하게 된다.[5] 따라서 기업들은 정부나 산업의 규제를 준수하거나 전자증거개시제도(e-discovery, 이메일 같은 전자 문서나 자료를 법적 증거로 제출하는 것 - 옮긴이)에 대비하기 위해 디지털 기록, 워크플로, 로그 등에 대해 회사 측의 고의적 또는 부주의한 태만으로 인한 손상이 없음을 감사인 또는 법원에 입증해야 하는 경우가 있다.

비즈니스 효율성

개별 장부나 폐쇄형 장부상의 거래를 조정하려면 많은 시간이 걸리고 오류가 발생하기 쉽다. 특히 여러 당사자가 참여하는 분산 기록 관리 시스템은 처리 속도가 느리고 비용이 많이 들고 오류 발생 위험이 높으며, 정보를 신뢰할 수 없고 정보의 일관성도 없는 경우가 많다.

디지털 서명 기술은 비용이 많이 들고 인증서를 취득하기도 어렵다.[6] 또 제3자 제공자의 공정성도 불확실하다.

게다가 지금은 블록체인상에서 코드로 체결하는 것이 합법적인 스마트 계약의 시대다. 스마트 계약을 해당 디지털 계약 기록과 어떻게 조화시킬 수 있을까? 업계가 스마트 계약을 실행하는 방향으로 나아가고 있기 때문에 계약 전문가(변호사나 감사 등)는 이런 스마트 계약을 읽고 해독하고 작성하는 방법을 익혀야 한다.

블록체인은 다자간 거래 기록 관리를 위한 신뢰할 수 있고 독립적이며 비용 효율적인 메커니즘을 제공한다. 그러나 공개 분산원장 기술(DLT)의 문제점은 당사자의 신원이 익명일 뿐 아니라 개인정보 보호 및 기밀성이 엄격히 지켜진다는 것이다. 따라서 이를 완화하기 위해 추가 기술이 필요하다.(280p 솔루션 아키텍처 참고)

블록체인은 모든 기록의 데이터, 워크플로 절차, 서명에 대한 암호화 해시를 저장함으로써 해당 정보를 변조할 수 없기에 더 유효하고, 더 신뢰할 수 있다. 블록체인은 정보의 침해를 완전히 보호하는 증거 또는 기록이기 때문에 감사인들과 소송 당사자에게 환영받고 있다.

블록체인 기술은 기록이 생성되고 관리되는 동안 모든 워크플로 단계를 검증하는 데도 사용될 수 있다. 이 기술은 각 단계에서 암호화 해시를 만들어서 기록이 변질되지 않았다는 것을 효과적으로 증명할 수 있다.

블록체인은 낮은 비용과 높은 효율로 지적재산권을 확보하고 인증하기 때문에 기록 관리 전문가들이라면 반드시 이해해야 할 필수적인 기술이다. 기록 저장소는 오디오, 비디오, 소프트웨어를 포함한 모든 디지털 개체를 저장할 수 있다. 기록의 암호화 해시가 타임스탬프와 함께 블록체인에 저장되기 때문에 저작권 증명에도 매우 효과적이다.

블록체인은 또 기존의 중앙집중식 디지털 서명 기술에 비해 장점이 많다. 인증 목적으로 생성된 서명, 지문, 타임스탬프가 분산원

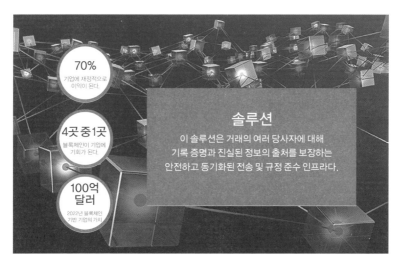

부록 그림 3 블록체인의 기록 관리 확장

장에 저장되므로, 제3자 없이도 데이터의 완전성과 신뢰성을 입증
할 수 있다.

시나리오

다음은 제안된 솔루션 아키텍처를 활용해 어떻게 스마트 계약
을 여러 당사자의 계약 기록과 동기화하는지에 대해 설명하는 간단
한 워크플로다.

1. 앱은 기록 관리 저장소(기본적으로는 문서 라이브러리)에 계약 기록
   을 업로드하고 그 문서에 대한 URL을 생성한다.
2. 앱은 블록체인 API를 사용해 디지털 방식으로 계약서에 서

명하고, 그 문서에 고유한 암호화 해시를 생성한다.

3. 앤은 자신을 계약 제안자로, 밥을 계약 검토자로 설정한 워크
   플로를 구성한다.

4. 앤이 '저장'을 클릭하면 허가형 분산원장에 스마트 계약 제
   안이 생성된다. 앤은 암호화 해시를 속성으로, 문서 URL을
   고유 참조로 포함한다.

5. 밥은 계약 기록을 검토할 수 있는 링크가 기재된 이메일 알림
   을 받는다. 밥은 계약 제안을 승인하거나 거부할 수 있다.

6. 밥은 계약 제안을 승인하면 계약 기록에 서명하라는 지시를
   받는다.

7. 계약 기록에 대한 서명이 끝나면 스마트 계약서 원본은 보관
   되고 분산원장에 완전히 새로 체결된 계약이 생성되며 양쪽
   당사자는 함께 동기화되고, 해시와 문서 URL에 대한 참조도
   동시에 계약에 결부된다.

솔루션 아키텍처

아키텍처 구성 요소는 다음과 같다.

1. 스마트 계약 워크플로 기능성 블록체인 허가형 분산원장

2. 스마트 계약 애플리케이션 기능성(SaaS, Software as a Service)

3. 기업 기록 관리 포털(SharePoint 온라인 또는 사내)

스마트 계약 워크플로 기능성

워크플로는 모든 비즈니스에서 다자간 프로세스에 대한 권리와 의무를 이행하기 위해 스마트 계약 언어를 사용해 관리되며 높은 완전성과 개인정보보호를 제공할 것이다. 스마트 계약은 당사자들의 권리를 행사할 수 있는 선택으로, 의무를 동의하는 합의로 인코딩할 것이다.

허가를 요하지 않는 분산원장 기술은 익명으로 거래를 수행하기 때문에 당사자들의 신원을 확인하기 어려울 수 있다. 따라서 규정을 준수하기 위해서는 거래 당사자들의 신원이 확인되어야 한다. 스마트 계약 워크플로 기능성은 허가형 원장을 위해 다음 사항을 제공함으로써 스마트 계약의 기본 속성들을 더욱 보강한다.

1. 권리와 의무의 증거
2. 계약 체결의 기밀 유지
3. 증빙 서류
4. 공식 검증 기능

스마트 계약 프로그래밍 언어는 직관적이어야 하며, 설계 시간 오류를 포착하기 위한 공식적인 방법을 지원해야 한다. 또 변호사나 계약 전문가들이 이 언어를 사용해 계약서를 직접 작성하지는 못하더라도, 최소한 이해할 수 있을 정도로 충분히 접근 가능해야 한다.

솔루션 아키텍처는 궁극적으로 여러 거래 당사자들이 거래에 대한 기록, 워크플로 프로세스, 스마트 계약 및 계약 기록에 대한 서명을 동기화하는 안전하고 투명한 차세대 규제 준수 인프라가 될 것이다.

미주

1장   암호화폐와 부의 창출

1 White, William. "Dogecoin Prices: How Much You'd Have if You Bought $1K DOGE One Year Ago Today. Yahoo! Finance, Updated April 16, 2021, Accessed March 28, 2022.

2 Shalvey, Kevin. "Shiba Inu Coin Investment Turned New York Brothers into Multimillionaires a Few Months after They Bet $8,000 on the 'Parody' Cryptocurrency, Reports Say. Business Insider, Updated May 15, 2021, Accessed March 28, 2022.

3 "Cryptocurrency Bubble. Wikipedia, Updated December 5, 2021, Accessed Mar 28, 2022.

4 Lawrence, Meyers. "Trading Bitcoin is Like Gambling in Vegas . . . but with Worse Odds. CCN, Updated September 7, 2019, Accessed March 28, 2022.

5 Sriram Samyuktha. "Around 100 People Control Doge's Entire $46B Market: Report. Yahoo, Updated April 19, 2021, Accessed March 28, 2022.

6 "Crypto Day Trading vs Swing Trading vs Hodling: Pros & Cons. Cryptolad, Updated July 7, 2021, Accessed March 28, 2022.

7 Curry, David. "COINBASE Revenue and Usage Statistics (2022). Business of

Apps, Updated January 11, 2022, Accessed March 28, 2022.

8 Lielacher, Alex. "Best Crypto Exchanges. Investopedia, Updated March 28, 2022, Accessed March 28, 2022.

9 Dedezade, Esat. "Binance Review: Can the World's Biggest Exchange Still Cut It in 2021? Decrypt, Updated July 23, 2021, Accessed March 28, 2022.

10 "Trailing Stop Order: A Definitive Guide by Good Crypto App. GoodCrypto, Updated March 6, 2022, Accessed March 28, 2022.

11 같은 책

12 Munster, Ben. "The Men Who Stare at Charts. CoinDesk Latest Headlines RSS, Updated May 8, 2020, Accessed March 28, 2022.

13 Majaski, Christina. "Comparing Simple Moving Average and Exponential Moving Average. Investopedia, Updated February 8, 2022, Accessed March 28, 2022.

14 "The Bitcoin Whales: 1,000 People Who Own 40 Percent of the Market. Bloomberg.com, Accessed March 28, 2022.

15 Mark. 3 Ways the Rich Manipulate the Cryptocurrency Market. Mycryptopedia, Updated November 1, 2018, Accessed March 28, 2022.

16 Sigalos, MacKenzie. "Dogecoin Plunges Nearly 30% during Elon Musk's SNL Appearance. CNBC, Updated October 16, 2021, Accessed March 28, 2022.

17 Kimmell, Matthew. "Messari. CoinDesk Latest Headlines RSS, Updated June 3, 2020, Accessed March 28, 2022.

2장 블록체인 관련 직업과 기업의 기회

1 Kolakowski, Nick. "Walmart, Apple, Amazon Getting Interested in Cryptocurrency Experts. Dice Insights, Updated August 19, 2021, Accessed March 28, 2022.

2 "Blockchain Market with COVID-19 Impact Analysis. Market Research Firm, Accessed March 28, 2022.

3 "The Global Blockchain Employment Report. Accessed March 28, 2022.

4 McCubbin, Gregory. "Blockchain Developer Salary: What Do They Really Earn? Dapp University, Updated March 4, 2022, Accessed March 28, 2022.

5   "Salaries for Blockchain Specialists in 2020. Chronobank, Updated April 26,
    2020, Accessed March 28, 2022.

6   "Fastest Growing Occupations. U.S. Bureau of Labor Statistics, Updated September 8, 2021, Accessed March 28, 2022.

7   Anwar, Hasib. "What Is Blockchain Project Manager and How to Become One? 101
    Blockchains, Updated November 3, 2020, Accessed March 28, 2022.

8   Daniel. "The State of the Blockchain and Cryptocurrency Job Market in 2019.
    Cryptocurrency Jobs, Updated February 12, 2021, Accessed March 28, 2022.

9   Ezquer, Evan. "How Much Does a Cryptocurrency Writer Earn? 2020. Crypto
    Skillset, Updated March 4, 2020, Accessed March 28, 2022.

10 "Cryptocurrency Salary Ziprecruiter, Accessed March 28, 2022.

11 Iredale, Gwyneth. "Top 10 Highest Paying Blockchain Jobs in 2020. 101 Blockchains, Updated September 18, 2020, Accessed March 28, 2022.

12 Hardekopf, Bill. "Why Small Businesses Are Struggling with Cash Flow. Forbes,
    Updated February 6, 2019, Accessed March 28, 2022.

13 Hardekopf, Bill. "Why Small Businesses Are Struggling with Cash Flow. Forbes,
    Updated February 6, 2019, Accessed March 28, 2022.

14 Choudhury, Saheli Roy, and Sri Jegarajah. "Morgan Stanley Chief Says Bitcoin
    'Doesn't Quite Deserve the Attention It's Getting'. CNBC, Updated November 16,
    2017, Accessed March 28, 2022.

15 Nakamura, Yuuma. "Facebook Prepares to Launch Novi Digital Wallet alongside
    Diem Cryptocurrency—Is It Safe? Fintech News | Fintech Zoom, Updated August
    30, 2021, Accessed March 28, 2022.

16 Son, Huge. "Morgan Stanley Becomes the First Big U.S. Bank to Offer Its Wealthy
    Clients Access to Bitcoin Funds. CNBC, Updated March 18, 2021, Accessed March
    28, 2022.

17 Mozée, Carla. "These 13 Banks Have Invested the Most in Crypto and Blockchain
    to Date. Business Insider, Updated August 15, 2021, Accessed March 28, 2022.

18 Reback, Sheldon. "Microsoft Is Awarded US Patent for Crypto Token-Creation

Service. CoinDesk Latest Headlines RSS, Updated August 26, 2021, Accessed March 28, 2022.

19 Dayton, Emily. 10 Fascinating Amazon Statistics Sellers Need to Know in 2019. The BigCommerce Blog, Updated March 10, 2022, Accessed March 28, 2022.

20 Seth, Shobhit. "Central Bank Digital Currency (CBDC). Investopedia, Updated March 19, 2022, Accessed March 28, 2022.

21 Clifford, Catherine. "China, Elon Musk Raise Alarm about Bitcoin Energy Use: Here's How It Could Be Made More 'Green'. CNBC, Updated July 1, 2021, Accessed March 28, 2022.

22 Bambrough, Billy. "Bankers Issue 'Seismic' Warning: Bitcoin, Ethereum, BNB, Cardano and XRP Could Replace the Dollar in Just Five Years as Crypto Market Price Adds $1 Trillion. Forbes, Updated August 23, 2021, Accessed March 28, 2022.

3장 빈곤 탈출의 대안

1 Hwang, Victor, Sameeksha Desai, and Ross Baird. "Access to Capital for Entrepreneurs: Removing Barriers. SSRN, Updated May 20, 2019, Accessed March 28, 2022.

2 Wadhwa, Vivek. "Washington Post: Enough Is Enough, Silicon Valley Must End Its Elitism and Arrogance. washingtonpost, Updated January 27, 2014, Accessed March 28, 2022.

3 Hernæs, Christoffer. "Is Technology Contributing to Increased Inequality? TechCrunch, Updated March 29, 2017, Accessed March 28, 2022.

4 Nwonu, Emeka. "The Unbanked, Financial Inclusion and FINTECH. Medium, Updated October 7, 2021, Accessed March 28, 2022.

5 "The Diem Association. Diem Association, Accessed March 28, 2022.

6 Tenev, Vladimir. "Hearing before the United States House of Representatives . . . Robinhood Markets, Updated February 18, 2021, Accessed March 28, 2022.

7 "Is Blockchain Technology the Answer to Ending Poverty? IEEE Innovation at

Work, Updated July 18, 2018, Accessed March 28, 2022.

8　Karayaneva, Natalia. "Will Blockchain Make Poverty Obsolete? What Is the Root of All Evil? Forbes, Updated May 4, 2019, Accessed March 28, 2022.

9　Adebaki, Bosun. "Microfinance and Alternative Data Meets the World of Block-chain. Medium, Updated February 5, 2019, Accessed March 28, 2022.

4장　돈에 대해 다시 생각하기

1　Carmody, Michelle. "What Caused Hyperinflation in Venezuela: A Rare Blend of Public Ineptitude and Private Enterprise. The Conversation, Updated February 5, 2019, Accessed March 28, 2022.

2　Rowlatt, Justin. "Why India Wiped out 86% of Its Cash Overnight. BBC News, Updated November 14, 2016, Accessed March 28, 2022.

3　Dale, Oliver. "Problems with Fiat Currency & How We Are Moving to Digital Cur-rencies. Blockonomi, Updated January 13, 2020, Accessed March 28, 2022.

4　같은 책

5　"The Effect of Counterfeit Money on the Economy and How to Identify Them. Blockonomi, Updated January 13, 2020, Accessed March 28, 2022.

6　Rogoff, Kenneth. "Crypto-Fool's Gold? Project Syndicate, Updated October 9, 2017, Accessed March 28, 2022.

7　Siegel, Robert. "The Curse of Cash' Makes Case for a World without Paper Money. NPR, Updated September 1, 2016, Accessed March 28, 2022.

8　Hera, Ron. 15 Fundamental Problems with Fiat Currencies. Financial Sense, Updated March 27, 2012, Accessed March 28, 2022.

9　Greene, Stephen. "Emergency Banking Act of 1933. Federal Reserve History, Accessed March 28, 2022.

10　King, Ben. "What Is Quantitative Easing? BBC News, Updated November 5, 2020, Accessed March 28, 2022.

11　Canellis, David. "Here's Why Satoshi Nakamoto Set Bitcoin's Supply Limit to 21 Million. TNW | Hardfork, Updated July 9, 2019, Accessed March 28, 2022.

12 Chun, Rene. "Big in Venezuela: Bitcoin Mining. The Atlantic, Updated August 8, 2017, Accessed March 28, 2022.

13 Cravino, Javier, and Andrei Levchenko. "The Anti-Poor Effects of Large Exchange Rate Devaluations. VOX, CEPR Policy Portal, Updated November 23, 2015, Accessed March 28, 2022.

14 Romeo, Claudia. "Activists in Brixton Created Their Own Currency and Printed over Half a Million Notes to Keep Money Away from Global Chain Stores. Business Insider, Updated November 4, 2017, Accessed March 28, 2022.

15 Collins, Leila. "This Currency Is Designed to Benefit the Local Community. Coin-Desk, Updated September 10, 2018, Accessed March 28, 2022.

16 Wong, Joon Ian. "Local London Currency Brixton Pound Thrives in Bitcoin's Shadow. CoinDesk Latest Headlines RSS, Updated February 9, 2014, Accessed March 28, 2022.

17 "Spice. Nesta, Accessed March 28, 2022.

18 "Engage Residents & Transform Civic Engagement. Colu, Updated February 2, 2022, Accessed March 28, 2022.

19 Aki, Jimmy. "Blockchain-Based Community Currencies to Be Launched in Kenya. Bitcoin Magazine, Updated June 18, 2018, Accessed March 28, 2022.

20 Johnson, Gary A. "How Do Black People Spend Their Money?—the Racial Wealth Gap. Blackmeninamerica.com, Updated June 30, 2021, Accessed March 28, 2022.

21 Lielacher, Alex. "Local Projects Show That Crypto Can Be 'Real' Money. Brave new coin, Updated December 16, 2018, Accessed March 28, 2022.

22 Tashiro, Masayuki. "Major Japanese Corporation Driving Cryptocurrency Usage. Brave new coin, Updated September 14, 2018, Accessed March 28, 2022.

23 Nakamoto, Satoshi. "Satoshi Nakamoto's Bitcoin Holding: Here's How Much It Is Worth Now. cnbctv18.com, Updated November 26, 2021, Accessed March 28, 2022.

24 Hajric, Vildana. "Singer Akon Is Launching a Cryptocurrency Called Akoin. Bloomberg.com, Updated June 20, 2020, Accessed March 28, 2022.

25　"Senegal GDP2021 Data—2022 Forecast—1960–2020 Historical—Chart—News. Senegal GDP, Accessed March 28, 2022.

26　Amadeo, Kimberly. "How a 1944 Agreement Created a New International Monetary System. The Balance, Updated February 15, 2022, Accessed March 28, 2022.

27　Ghizoni, Sandra Kollen. "Creation of the Bretton Woods System. Federal Reserve History, Accessed March 28, 2022.

28　Ghizoni, Sandra Kollen. "Creation of the Bretton Woods System. Federal Reserve History, Updated November 22, 2013, Accessed March 28, 2022.

29　Ghizoni, Sandra Kollen. "Nixon Ends Convertibility of U.S. Dollars to Gold and Announces Wage/Price Controls. Federal Reserve History, Updated November 22, 2013, Accessed March 28, 2022.

30　"The Bretton Woods Conference, 1944. U.S. Department of State, Accessed March 28, 2022.

5장　사회적 합의와 도덕의 기원

1　Rand, Ayn. "The Trader Principle and Benevolence. Importanceofphilosophy. com, Accessed March 28, 2022.

2　Davies, Glyn. "Origins of Money and of Banking. University of Exeter, Accessed March 28, 2022.

3　Kim, Jonathan J., and Krystyna Blokhina Gilkis. "Contract. Legal Information Institute, Accessed March 28, 2022.

4　Hill, Kathleen. "Legal Dictionary. Law.com, Accessed March 28, 2022.

5　Lloyd, Sharon A., and Susanne Sreedhar. "Hobbes's Moral and Political Philosophy. Stanford Encyclopedia of Philosophy, Updated April 30, 2018, Accessed March 28, 2022.

6　J., Parker. "Hamer v Sidway. Nycourts, Accessed March 28, 2022.

6장　사회적 합의로서 돈의 의미

1　Bainbridge, Carol. "Why People Make Social Constructs and How They Can

Change. Verywell Mind, Updated October 12, 2020, Accessed March 28, 2022.

2   Barrett, Lisa Feldman. "How Emotions Are Made. Kindle edition , Updated January 25, 2021, Accessed March 28, 2022.

3   Golightly, Max. Ibid. Fort Smith, AR: South and West, 1967, Accessed March 28, 2022.

4   Tucker, Jeffrey A. "How Will Banking and Credit Work in a Cryptocurrency Economy? FEE Freeman Article, Updated October 13, 2017, Accessed March 28, 2022.

5   같은 책

6   Willenberg, Tony. "Fractional Reserve Banking & the Bitcoin Crypto Economy. Medium, Updated December 28, 2017, Accessed March 28, 2022.

7   Moore, Norman F. Bainbridge. Newcastle upon Tyne: N.F. Moore, 1986, Accessed March 28, 2022.

8   Birdseye, Tom. Tucker. New York: Holiday House, 1990, Accessed March 28, 2022.

9   Tucker, Charles Cowles, and Walter Collins Clephane. Reports of Cases Argued and Adjudged in the Supreme Court of the District of Columbia: Sitting in General Term, from February 8, 1892, to April 1, 1893. Buffalo, NY: Dennis, 1951, Accessed March 28, 2022.

10   "MasterCard Wants to Patent a Fractional Reserve Cryptocurrency Bank. CCN.com, Updated March 4, 2021, Accessed March 28, 2022.

11   Cointelegraph. "Latest News on Bitcoin Foundation. Cointelegraph, Updated December 2, 2017, Accessed March 28, 2022.

12   "Censorship-Resistance. Binance Academy, Updated April 2, 2020, Accessed March 28, 2022.

7장   가치의 교환:거래의 역사

1   Anderson, Kelly. "Guide to the Barter Economy & the Barter System History. MintLife Blog, Updated March 26, 2021, Accessed March 29, 2022.

2   "Bartering. Corporate Finance Institute, Updated February 3, 2021, Accessed

March 29, 2022.

3 "The History of Barter. Familyreadyness.com, Accessed March 29, 2022.

4 Keys, Tracey, and Thomas Malnight. "The Exploding Business of Bartering. Harvard Business Review, Updated September 12, 2012, Accessed March 29, 2022.

5 Saez, Alex. "Advantages & Disadvantages of Bartering. Budgeting Money – The Nest, Updated April 5, 2019, Accessed March 29, 2022.

6 S., Meghana, "Six Major Disadvantages of the Barter System. Microeconomic Notes, Accessed March 29, 2022.

7 "Inadequate Barter System in International Trade. Uia.org, Accessed March 29, 2022.

8 "Bartering Issues Solved by Blockchain. NetworkNewsWire, Updated October 5, 2018, Accessed March 29, 2022.

9 Gaviola, Anne. "This Cashless Canadian Bartering Platform May Be the Future of Cryptocurrency. VICE, Accessed March 29, 2022.

10 Davies, Glyn. "Origins of Money and of Banking. University of Exeter, Updated July 23, 2019, Accessed March 29, 2022.

11 "The History of U.S. Circulating Coins. United States Mint, Updated April 22, 2021, Accessed March 29, 2022.

12 Svensson, Roger, and Andreas Westermark. "Seigniorage through Periodic Recoinage. VOX, CEPR Policy Portal, Updated January 21, 2020, Accessed March 29, 2022.

13 Halton, Clay. "Debasement. Investopedia, Updated August 27, 2021, Accessed March 29, 2022.

14 Davies, Glyn. "Origins of Money and of Banking. University of Exeter, Updated July 23, 2019, Accessed March 29, 2022.

15 "The Oldest Coin in the World. Monterey Company, Updated March 21, 2022, Accessed March 29, 2022.

16 "Top 10 Things You Didn't Know about Money. Time, Updated August 5, 2009, Accessed March 29, 2022.

17 "Knights Templar. History.com, Updated July 13, 2017, Accessed March 29, 2022.

18 Back, Jenni, and Liz Pumfrey. "History of Money. NRICH, Accessed March 29, 2022.

19 Lioudis, Nick. "What Is the Gold Standard? Investopedia, Updated March 4, 2022, Accessed March 29, 2022.

20 Chen, James. "What Is Fiat Money? Investopedia, Updated February 14, 2022, Accessed March 29, 2022.

21 Chen, James. "Bretton Woods Agreement and System: An Overview. Investopedia, Updated March 21, 2022, Accessed March 29, 2022.

22 "What Is the Value of the Sterling Currency? Bank of England, Updated February 25, 2016, Accessed March 29, 2022.

23 Ross, Sean. "Understanding How the Federal Reserve Creates Money. Investopedia, Updated March 23, 2022, Accessed March 29, 2022.

24 Radcliffe, Brent. "What Is a Currency Crisis? Investopedia, Updated March 26, 2022, Accessed March 29, 2022.

25 Wolfe, Diane. "Federal Reserve Eliminates Reserve Requirements. Eide Bailly LLP, Updated December 7, 2020, Accessed March 29, 2022.

26 Vivian, Robert W, and Nicholas Spearman. "Some Clarity on Banks as Financial. ERSA, Updated June 2015, Accessed March 29, 2022.

27 Wrenn, Sienna. "The History of Credit Cards: Ancient Times to Present Day. The Balance, Updated January 24, 2022, Accessed March 29, 2022.

28 Rapoza, Kenneth. "China 'Banned' Crypto. Can the SEC Try Doing the Same? Forbes, Updated October 12, 2021, Accessed March 29, 2022.

8장   블록체인 입문

1 Haber, Stuart, and Scott W. Stornetta. "How to Time-Stamp a Digital Document. Springer, Accessed March 29, 2022.

2 Lamport, Leslie, and Robert Shostak. "The Byzantine Generals Problem, Accessed March 29, 2022.

3   Hooda, Parikshit. "Practical Byzantine Fault Tolerance. GeeksforGeeks, Updated December 12, 2019, Accessed March 29, 2022.

4   Frankenfield, Jake. "Understanding Hash. Investopedia, Updated February 8, 2022, Accessed March 29, 2022.

5   "Open Source P2P Money. Bitcoin, Accessed March 29, 2022.

6   Reyes, Carla L. "Moving Beyond Bitcoin to an Endogenous Theory of Decentralized Ledger Technology Regulation: An Initial ProposalLedger Technology Regulation: An Initial Proposal. Villanova. edu, Accessed March 29, 2022.

7   "How Does Bitcoin Work? Bitcoin, Accessed March 29, 2022.

8   Dwork, Cynthia, and Moni Naor. "Pricing via Processing or Combatting Junk Mail. Cs.dal.ca, Accessed March 29, 2022.

9   Jakobsson, Markus, and Ari Juels. "Proofs of Work and Bread Pudding Protocols. springer, Accessed March 29, 2022.

10   Glenn, Lilly. "Device for and Method of One-Way Cryptographic Hashing. Google Patents, Accessed March 29, 2022.

11   Frankenfield, Jake. "Proof of Work (POW). Investopedia, Updated March 18, 2022, Accessed March 29, 2022.

12   Nadeem, Subhan. "How Bitcoin Mining Really Works. freeCodeCamp.org, Updated May 31, 2018, Accessed March 29, 2022.

13   Frankenfield, Jake. "Nonce. Investopedia, Updated March 19, 2022, Accessed March 29, 2022.

14   Lutkevich, Ben. "What Is a Nonce? SearchSecurity, Updated October 8, 2021, Accessed March 29, 2022.

15   L., Kenny. "The Blockchain Scalability Problem & the Race for Visalike Transaction Speed. Medium, Updated July 23, 2019, Accessed March 29, 2022.

16   Casino, Fran, Thomas K. Dasaklis, and Constantinos Patsakis. "A Systematic Literature Review of Blockchain-Based Applications: Current Status, Classification and Open Issues. Telematics and Informatics, Updated November 22, 2018, Accessed March 29, 2022.

17   Bitlova. "What Is Blockchain Immutability and How Does It Help? Bitlova, Updated April 22, 2021, Accessed March 29, 2022.

18   "Blockchain Technology and Its Potential Impact on the Audit and Assurance Profession. Aicpa.org, Accessed March 29, 2022.

19   Frankenfield, Jake. "Smart Contracts: What You Need to Know. Investopedia, Updated March 24, 2022, Accessed March 29, 2022.

20   "What Is Solidity in Ethereum Smart Contracts? Bit2Me Academy, Updated March 23, 2022, Accessed March 29, 2022.

21   "What Is Ether (Eth)? ethereum.org, Accessed March 29, 2022.

22   Shah, Payal. "As Demand for Corn Grows, New Key Data Points to Watch. Reuters, Updated September 3, 2021, Accessed March 29, 2022.

23   Hayes, Adam. "Blockchain Explained. Investopedia, Updated March 5, 2022, Accessed March 29, 2022.

24   Mcshane, Griffin. "What Is a 51% Attack? CoinDesk Latest Headlines RSS, Updated October 12, 2021, Accessed March 29, 2022.

25   Reiff, Nathan. "How Does a Block Chain Prevent Double-Spending of Bitcoins? Investopedia, Updated September 8, 2021, Accessed March 29, 2022.

26   "What Is a Blockchain Node and How Is It Used in Cryptocurrency? NDTV Gadgets 360, Updated August 21, 2021, Accessed March 29, 2022.

27   Tardi, Carla. "Application-Specific Integrated Circuit (ASIC) Miner. Investopedia, Updated March 16, 2022, Accessed March 29, 2022.

28   "Iterative Capital. Iterative Capital Management, Updated March 27, 2019, Accessed March 29, 2022.

9장 블록체인, 물물교환, 암호화폐가 만나는 지점

1   Reed, Eric. "Why 'Security Tokens' Are Emerging as an Investor's Best Bet. Bitcoin Market Journal, Updated February 14, 2019, Accessed March 29, 2022.

2   Vilner, Yoav. "Evolution of Venture Capital Structure in the Age of Blockchain. Forbes, Updated November 23, 2018, Accessed March 29, 2022.

3 Sherry, Benjamin. "What Is an Ico? Investopedia, Updated March 2, 2022, Accessed March 29, 2022.

4 "What Is an Ico? Bitcoin Magazine, Updated August 10, 2017, Accessed March 29, 2022.

5 Stettler, Erik. "The Evolution of Venture Capital: Investing in Global Talent. Toptal Finance Blog, Updated February 14, 2022, Accessed March 29, 2022.

6 Sharma, Rakesh. "What Crackdown? Icos Have Raised Almost $2 Billion This Year. Investopedia, Updated September 12, 2020, Accessed March 29, 2022.

7 "SEC Enforcement Action Involving Initial Coin Offering Muddies Jurisdictional Waters: Perspectives: Reed Smith LLP. Reedsmith, Accessed March 29, 2022.

8 "What Is the Howey Test? Findlaw, Updated May 17, 2018, Accessed March 29, 2022.

9 "Security Non-Security Tokens - Chamber of Digital Commerce. Digitalchamber.org, Updated August 2019, Accessed March 29, 2022.

10 Sharma, Toshendra Kumar. "Security Tokens vs. Utility Tokens : A Concise Guide. Blockchain-council.org, Updated March 24, 2022, Accessed March 29, 2022.

11 Waterworth, Kristi. "Utility Tokens vs. Security Tokens: What's the Difference? Nasdaq, Updated November 16, 2021, Accessed March 29, 2022.

12 Tapscott, Don. "Tapscott Token Economy Blockchain Research Institute. Blockchainresearchinstitute.org, Accessed March 29, 2022.

13 "TTI Issues Initial Taxonomy Framework. Markets Media, Updated November 4, 2019, Accessed March 29, 2022.

14 "Tapscott Token Economy Blockchain Research Institute. Blockchainresearchinstitute.org, Accessed March 29, 2022.

15 "TTI Issues Initial Taxonomy Framework. Markets Media, Updated November 4, 2019, Accessed March 29, 2022.

16 같은 책

17 Kagan, Julia. "What Is Microfinance? Investopedia, Updated February 8, 2022, Accessed March 29, 2022.

18 Morduch, Jonathan. "Microfinance Promise. Wagner.nyu.edu, Accessed March 29, 2022.

19 Karnani, Aneel. "Microfinance Misses Its Mark (SSIR). Stanford Social Innovation Review, Accessed March 29, 2022.

20 "Munger on Microfinance, Savings, and Poverty. Econlib, Updated April 18, 2011, Accessed March 29, 2022.

21 Arampatzis, Anastasios. "Blockchain as a Form of Distributed PKI. Venafi, Updated June 17, 2017, Accessed March 29, 2022.

22 Crane, Casey. "What Is an X.509 Certificate? What to Know about PKI Certificates. InfoSec Insights, Updated September 22, 2020, Accessed March 29, 2022.

23 "What Is PKI? A Public Key Infrastructure Definitive Guide. Keyfactor, Updated September 13, 2021, Accessed March 29, 2022.

24 Fruhlinger, Josh. "What Is PKI? and How It Secures Just about Everything Online. CSO Online, Updated May 29, 2020, Accessed March 29, 2022.

25 Publico, Ricky. "What Is a Man-in-the-Middle Attack and How Can You Prevent It? GlobalSign , Updated March 1, 2017, Accessed March 29, 2022.

26 Papageorgiou, Alexander, Antonis Mygiakis, Konstantinos Loupos, and Thomas Krousarlis. "DPKI: A Blockchain-Based Decentralized Public Key Infrastructure System. IEEE Xplore, Accessed March 29, 2022.

27 Agudo, Isaac, Montenegro-G ome Manuel, and Javier Lopez. "A Blockchain Approach for Decentralized V2X. Nics.uma.es, Accessed March 29, 2022.

28 같은 책

29 Simons, Alex. "Identity Hubs as Personal Datastores. Argon Systems, Updated March 29, 2019, Accessed March 29, 2022.

30 Walker, Heather. "How Digital Signatures and Blockchains Can Work Together. Cryptomathic, Updated October 3, 2016, Accessed March 29, 2022.

31 같은 책

32 같은 책

33 같은 책

34 Frankenfield, Jake. "What Is a Permissioned Blockchain? Investopedia, Updated February 8, 2022, Accessed March 29, 2022.

35 Lowe, Jennifer. "What Is KYC and Why Does It Matter? Plaid, Updated August 12, 2021, Accessed March 29, 2022.

36 "Anti-Money Laundering (AML). FINRA.org, Accessed March 30, 2022.

37 "Money Laundering via Cryptocurrencies. Tookitaki, Updated March 14, 2022, Accessed March 29, 2022.

38 Bryanov, Kirill. "Quantum Computing vs. Blockchain: Impact on Cryptography. Cointelegraph, Updated June 30, 2019, Accessed March 29, 2022.

39 O'Connell, Cathal. "Quantum Computing for the Qubit Curious. Cosmos, Updated July 5, 2019, Accessed March 29, 2022.

40 "Quantum Computing and Post-Quantum Cryptography. Defense. gov, Accessed March 29, 2022.

10장 암호화폐와 정부 규제

1 "Rules When Bringing Money from Your Home Country to the U.S. CompareRemit, Updated April 7, 2021, Accessed March 29, 2022.

2 "Spotlight on Initial Coin Offerings (ICOS). SEC Emblem, Updated January 10, 2018, Accessed March 29, 2022.

3 Lucking, David, and Vinod Aravind. "Cryptocurrency as a Commodity: The CFTC's Regulatory Framework. Allenovery.com, Accessed March 29, 2022.

4 "Virtual Currencies. Internal Revenue Service, Updated March 11, 2022, Accessed March 29, 2022.

5 Franck, Thomas. "U.S. Treasury Calls for Stricter Cryptocurrency Compliance with IRS, Says They Pose Tax Evasion Risk. CNBC, Updated May 20, 2021, Accessed March 29, 2022.

6 "Regulatory Framework for Blockchain. Shaping Europe's digital future, Accessed March 29, 2022.

7 GRCG, Piyush. "Germany's Cryptocurrency Regulations. Golden Capitalist, Up-

dated June 18, 2021, Accessed March 29, 2022.

8   Favre, Olivier, Tarek Houdrouge, Grégoire Tribolet, and Fabio Elsener. "The Virtual Currency Regulation Review: Switzerland. The Virtual Currency Regulation Review - The Law Reviews, Updated September 2, 2021, Accessed March 29, 2022.

9   Bertaut, Carol, Bastian von Beschwitz, and Stephanie Curcuru. "The International Role of the U.S. Dollar. The Fed - The International Role of the U.S. Dollar, Updated October 6, 2021, Accessed March 29, 2022.

10 John, Alun, Samuel Shen, and Tom Wilson. "China's Top Regulators Ban Crypto Trading and Mining, Sending Bitcoin Tumbling. Reuters, Updated September 24, 2021, Accessed March 29, 2022.

11장   블록체인 기술 규제에 대한 우려

1   Seth, Shobhit. "Public, Private, Permissioned Blockchains Compared. Investopedia, Updated March 22, 2022.

2   Salmon, John, and Gordon Myers. "Blockchain and Associated Legal Issues for Emerging Markets. Ifc.org, Updated January 2019.

3   Kumari, Priti. "GDPR-Compliant Blockchain: Personal Data Privacy in Blockchain. CPO Magazine,Updated June 2, 2021, Accessed March 29, 2022.

4   "What Are 'Controllers' and 'Processors'? ICO, Accessed March 29, 2022.

5   Boucher, Jamie L., Alexander C. Drylewski, Eytan J. Fisch, Stuart D. Levi, Jessie K. Liu, Peter B. Morrison, and William Ridgway. "Cryptocurrency Regulation and Enforcement at the US Federal and State Levels. Skadden, Updated September 28, 2021, Accessed March 29, 2022.

6   3 Things to Know about Stablecoins. FINRA.org, Updated April 17, 2020, Accessed March 29, 2022.

7   McCrank, John. "Update 1-U.S. SEC Chair Says More Investor Protection Needed on Crypto Exchanges. Reuters, Updated May 20, 2021, Accessed March 29, 2022.

8   Goldman, Nathan, and Christina Lewellen. "Behind Bitcoin—a Closer Look at the

Tax Implications of Cryptocurrency. Ncsu.edu, Updated February 15, 2021, Accessed March 29, 2022.

9   Iacurci, Greg. "Cryptocurrency Poses a Significant Risk of Tax Evasion. CNBC, Updated May 31, 2021, Accessed March 29, 2022.

10 Wagner, Casey. "US Treasury: Report Crypto Transfers of $10,000+ to IRS. Blockworks, Updated May 20, 2021, Accessed March 29, 2022.

11 Smith, Timothy. "Cryptocurrency Regulations around the World. Investopedia, Updated March 24, 2022, Accessed March 29, 2022.

12 "United States Department of the Treasury Financial Crimes Enforcement Network. Fincen.gov, Accessed March 29, 2022.

13 "A Brief Overview of the Federal Trade Commission's Investigative, Law Enforcement, and Rulemaking Authority. Federal Trade Commission, Updated February 10, 2022, Accessed March 29, 2022.

14 "App Developer Settles FTC and New Jersey Charges It Hijacked Consumers' Phones to Mine Cryptocurrency. Federal Trade Commission, Updated June 29, 2015, Accessed March 29, 2022.

15 "FTC Data Shows Huge Spike in Cryptocurrency Investment Scams. Federal Trade Commission, Updated May 17, 2021, Accessed March 29, 2022.

16 "Financial Technology. Federal Trade Commission, Updated July 16, 2021, Accessed March 29, 2022.

17 "United States Department of the Treasury Financial Crimes Enforcement Network. Fincen.gov, Accessed March 29, 2022.

18 "What We Do. Fincen.gov, Accessed March 29, 2022.

19 Behar, Deric, Miles Jennings, Benjamin Naftalis, Margaret Allison Upshaw, Eric Volkman Latham, and Watkins LLP. "FinCEN Looks to Rein in Cryptocurrency Transactions. JD Supra, Updated January 15, 2021, Accessed March 29, 2022.

20 "BSA Requirements for Msbs. Fincen.gov, Accessed March 29, 2022.

21 "United States Department of the Treasury Financial Crimes Enforcement Network. FinCEN.gov, Accessed March 30, 2022.

22   "Financial Action Task Force (FATF) Travel Rule. Sanction Scanner, Updated May 11, 2020, Accessed March 29, 2022.

23   "Updated Guidance for a Risk-Based Approach to Virtual Assets and Virtual Asset Service Providers. Financial Action Task Force (FATF), Accessed March 29, 2022.

24   "Marshall Billingslea. Financial Action Task Force (FATF), Accessed March 29, 2022.

25   "Updated Guidance for a Risk-Based Approach to Virtual Assets and Virtual Asset Service Providers. Financial Action Task Force (FATF), Accessed March 29, 2022.

26   "The Promise — and Perils — of 'Smart' Contracts. Wharton, Updated May 18, 2017, Accessed March 29, 2022.

27   "Solidity. Soliditylang, Accessed March 29, 2022.

28   Wackerow, Paul. "Ethereum Virtual Machine (EVM). ethereum, Updated January 19, 2019, Accessed March 29, 2022.

29   Reiff, Nathan. "What Is Ether? Is It the Same as Ethereum? Investopedia, Updated March 19, 2022, Accessed March 29, 2022.

30   "EEA Home. Enterprise Ethereum Alliance, Updated March 17, 2022, Accessed March 29, 2022.

31   Rhodes, Brett. "Introducing the Token Taxonomy Framework, an Interwork Alliance Initiative Targeting Token Adoption and Interoperability. Neo News Today, Updated July 22, 2020, Accessed March 29, 2022.

32   Nicholson, David, and Marley Gray. "Token Taxonomy Framework (TTF) January 2022. GitHub, Accessed March 29, 2022.

33   "Open Source Smart Contract and DLT Programming Language. Daml, Accessed March 29, 2022.

34   Castillo, Michael del. "Microsoft to Help Enterprises Mint Their Own Ethereum Tokens. Forbes, Updated November 5, 2019, Accessed March 29, 2022.

35   "Possessory Estate. Legal Information Institute. Accessed March 29, 2022.

36   "Continuing Education Fact Sheet 2020. Illinois.gov, Accessed March 29, 2022.

37   Propmodo. "Could Blockchain Disrupt Title Insurance? The Real Deal National, Updated November 5, 2021, Accessed March 29, 2022.

38   Hayes, Adam. "What Is Title Insurance? Investopedia, Updated February 8, 2022, Accessed March 29, 2022.

39   Farrell, Amanda. "Beyond Bitcoin: The Role of Blockchain Smart Contracts in Real Estate Transactions. PropLogix, Updated November 23, 2021, Accessed March 29, 2022.

40   Filippi, Primavera De, Morshed Mannan, and Wessel Reijers. "Blockchain as a Confidence Machine: The Problem of Trust & Challenges of Governance. Sciencedirect, Updated June 19, 2020, Accessed March 29, 2022.

41   Hauxley, R.R. "Are Your Blockchain Transactions Truly Anonymous? Irish Tech News, Updated March 5, 2019, Accessed March 29, 2022.

42   "XRP: Digital Asset for Real-Time Global Payments. Ripple, Updated July 14, 2021, Accessed March 29, 2022.

43   Schwartz, David, Noah Youngs, and Arthur Britto. "The Ripple Protocol Consensus Algorithm. Ripple, Accessed March 29, 2022.

44   "The Diem Association. Diem, Accessed March 29, 2022.

12장 빈곤 완화를 위한 기술 제안

1   "Decentralized Identity, Blockchain, and Privacy: Microsoft Security. Microsoft Security, Accessed March 29, 2022.

2   Klomp, Niels. "Factom Vision – the Building Blocks, Part 1. Medium, Updated July 9, 2019, Accessed March 29, 2022.

3   Simons, Alex. "Identity Hubs as Personal Datastores. Microsoft, Updated March 29, 2019, Accessed March 29, 2022.

4   "Build Enterprise-Grade Blockchain Applications with Azure Cosmos DB. Microsoft Azure, n.d. Accessed March 29, 2022.

5   "Web of Trust Info. GitHub, Accessed March 29, 2022.

6 "DAML Driven. Medium, Accessed March 29, 2022.

7 "Blockchain Enabled Digital Workplace. Virtualdeveloper.com, Accessed March 29, 2022.

8 "Off the Blocks. Off The Blocks, Accessed March 29, 2022.

9 "Off the Blocks. Off The Blocks, Accessed March 29, 2022.

10 "Azure Blockchain Tokens. Azure Info Hub, n.d. Accessed March 29, 2022.

11 "Open-Source Infrastructure for Financial Inclusion. Kiva Protocol, Accessed March 29, 2022.

12 "The Journey of a Kiva Loan. Kiva, Accessed March 29, 2022.

13장 분산형 금융

1 "DEFI Projects—The Decentralized Finance List. Coinpare, Accessed March 29, 2022.

2 Tabora, Vincent. "Money Legos and Composability as Defi Building Blocks. Medium, Updated February 17, 2021, Accessed March 29, 2022.

3 H., Tania. "A Guide to Smart Contracts and Their Implementation. RubyGarage, Updated January 10, 2020, Accessed March 29, 2022.

4 Constantino, Tor. "As Banks Lend Less Money, Small Businesses Need More. Why Decentralized Finance Could Be the Fix. Inc. com, Updated September 8, 2021, Accessed March 29, 2022.

5 Sandner, Philipp. "Decentralized Finance (DEFI): What Do You Need to Know? Experfy Insights, Updated April 16, 2020, Accessed March 29, 2022.

6 "Defi Total Value Locked Hits All-Time High of $236 Billion. DeFi Total Value Locked Hits All-Time High of $236 Billion, Updated November 1, 2021, Accessed March 29, 2022.

7 같은 책

8 "Compound: The Second Defi Platform in the World. DeFi.cx, Updated April 8, 2020, Accessed March 29, 2022.

9 "Ethereum 2.0 Updates: Ethereum Pos Roadmap. Gemini, Updated June 21, 2021,

Accessed March 29, 2022.

10 DeMatteo, Megan. "Experts Predict How High Ethereum's Price Could Go in 2022, a 'Make-or-Break Year.' Time. Time, Updated March 18, 2022, Accessed March 29, 2022.

11 "How Defi Goes Mainstream in 2022: Focus on Usability . DPL, Updated January 14, 2022, Accessed March 29, 2022.

12 Rawal, Yogesh. "Complete Guide to Stablecoins in 2020. Medium, Updated July 20, 2020, Accessed March 29, 2022.

13 Hartmann, Torsten. "What Are Stablecoins: Types of Stablecoins. CaptainAltcoin, Updated February 24, 2019, Accessed March 29, 2022.

14 mc_owoblow. "Ultimate Guide to Yield Farming in Decentralized Finance (DEFI) 2022. O3schools, Updated November 8, 2021, Accessed March 29, 2022.

15 같은 책

16 Bogdanov, Dimitar. "Defi Staking Explained. LimeChain, Updated September 8, 2021, Accessed March 29, 2022.

17 Vecht, Dennis Van der. "Understanding Arbitrage in Defi - Opportunities and Risks. 10Clouds, Updated October 26, 2021, Accessed March 29, 2022.

18 "The Decentralized Finance Leaderboard. Defipulse, Accessed March 29, 2022.

19 Turley, Cooper. "DeFi Asset Management Products, Tools & Reviews. DeFi Rate, Updated June 1, 2021, Accessed March 29, 2022.

14장 대체 불가능 토큰(NFT) 만들기

1 Reyburn, Scott. "JPG File Sells for $69 Million, as 'NFT Mania' Gathers Pace. The New York Times, Updated March 11, 2021, Accessed March 30, 2022.

2 Stephen, Bijan. "NFT Mania Is Here, and so Are the Scammers. The Verge, Updated March 20, 2021, Accessed March 30, 2022.

3 "Cryptopunks - Interview with Co-Founder Matt Hall. ArtMarketGuru, Updated January 6, 2019, Accessed March 30, 2022.

4 Entriken, William, Dieter Shirley, Jacob Evans, and Nastassia Sachs. "EIP-721:

Non-Fungible Token Standard. Ethereum Improvement Proposals, Updated January 24, 2018, Accessed March 30, 2022.

5   Clark, Mitchell. "NFTs, Explained. The Verge. The Verge, Updated August 18, 2021, Accessed March 30, 2022.

6   "Non-Fungible Tokens (NFT). ethereum.org, Accessed March 30, 2022.

7   Frankenfield, Jake. "Smart Contracts: What You Need to Know. Investopedia, Updated March 24, 2022, Accessed March 30, 2022.

8   "Eticket4—Crunchbase Company Profile & Funding. Crunchbase, Accessed March 30, 2022.

9   Murthy, Mahesh. "Zastrin Course Licenses as Nfts. Medium, Updated January 8, 2019, Accessed March 30, 2022.

10   Hawkes, Bob. "News - What Does the NFT Craze Mean for Domain Names? NamePros Community, Updated September 29, 2021, Accessed March 30, 2022.

11   "Unstoppable Domains Announces the Most Expensive Sale of a ..., Accessed March 30, 2022.

12   Ens.domains, Accessed March 30, 2022.

13   Browne, Ryan. "Bitcoin's Wild Ride Renews Worries about Its Massive Carbon Footprint. CNBC, Updated February 9, 2021, Accessed March 30, 2022.

14   Guest. "Fueling the Global Flame: A Look at the Long-Term Sustainability of Nfts. AMT Lab @ CMU, Updated July 16, 2021, Accessed March 30, 2022.

15장 블록체인과 메타버스

1   Ravenscraft, Eric. "What Is the Metaverse, Exactly? Wired, Updated November 25, 2021, Accessed March 30, 2022.

2   Verd, Nicky. "The Difference between the Metaverse and the Internet. Medium, Updated December 9, 2021, Accessed March 30, 2022.

3   Snider, Mike, and Brett Molina. "Everyone Wants to Own the Metaverse Including Facebook and Microsoft. but What Exactly Is It? USA Today, Updated January 20, 2022, Accessed March 30, 2022.

4	"Metaverse May Be $800 Billion Market, next Tech Platform. Bloomberg.com, Updated December 1, 2021, Accessed March 30, 2022.

5	"A Meta Market Opportunity: The Metaverse Could Soon Be Worth $1 Trillion. Trtworld.com, Updated November 26, 2021, Accessed March 30, 2022.

6	Bosworth, Andrew. "Building the Metaverse Responsibly. Meta, Updated September 27, 2021, Accessed March 30, 2022.

7	Molina, Brett, and Jessica Guynn. "Facebook Changes Name to Meta: Mark Zuckerberg Announces Company Rebrand as It Moves to the Metaverse. USA Today, Updated October 28, 2021, Accessed March 30, 2022.

8	"Facebook Launches 'Horizon Workrooms' for Virtual Offices — Here's How It Works. CBS News. CBS Interactive, Updated August 19, 2019, Accessed March 30, 2022.

9	O'Connor, Brian. "Can Holograms and Avatars Replace Zoom Video Calls? BBC Worklife, Updated August 30, 2021, Accessed March 30, 2022.

10	Christou, Adamos, Radu Chirila, and Ravinder Dahiya. "Pseudo-Hologram with Aerohaptic Feedback for Interactive Volumetric Displays. Wiley.com, Accessed March 30, 2022.

11	Kompaore, Arzouma. "New Holographic Technology Provides Transportive Experience. VOA, Updated September 30, 2021, Accessed March 30, 2022.

12	Proulx, Mike. "Consumers Aren't Ready for the Metaverse Yet. Forrester, Updated September 23, 2021, Accessed March 30, 2022.

13	Faridani, Andrew. "Council Post: Why the Metaverse Is Marketing's next Big Thing. Forbes, Updated December 22, 2021, Accessed March 30, 2022.

14	"The Rise in Metaverse Advertising: How to Make The Metaverse Work for You. The Deeptech Insider, Updated December 21, 2021, Accessed March 30, 2022.

15	Douglas, R. "Mind Reading and Mind Control Technologies Are Coming. Scientific American Blog Network, Updated March 10, 2020, Accessed March 30, 2022.

16	Björn, Michael. "Will We See Brain-Controlled Technology in Just Ten Years? Scientific American, Updated April 1, 2021, Accessed March 30, 2022.

17   Pardes, Arielle. "Mind Control for the Masses–No Implant Needed. Wired, Updated January 2, 2020, Accessed March 30, 2022.

18   "First Virtual Reality Technology to Let You See, Hear, Smell, Taste and Touch. ScienceDaily, Updated March 4, 2009, Accessed March 30, 2022.

19   Noack, Patrick. "Enter the Matrix: The Metaverse Will Help Solve Earth's Big Problems. The National, Updated November 9, 2021, Accessed March 30, 2022.

20   Harding, LaToya. "Blockchain: Exploring the Building Blocks of Web 3.0. Yahoo! Finance, Updated December 28, 2021, Accessed March 30, 2022.

21   Bosworth, Andrew. "Building the Metaverse Responsibly. Meta, Updated September 27, 2021, Accessed March 30, 2022.

22   Allyn, Bobby. "People Are Talking about web3. Is It the Internet of the Future or Just a Buzzword? NPR, Updated November 21, 2021, Accessed March 30, 2022.

23   "Web 2.0 and Web 3.0 Definitions. Investopedia, Updated March 16, 2022, Accessed March 30, 2022.

24   Canny, Will. "Goldman Sachs Says Blockchain Is Key to Metaverse and Web 3 Development. CoinDesk Latest Headlines RSS, Updated December 17, 2021, Accessed March 30, 2022.

25   Howcroft, Elizabeth. "Virtual Real Estate Plot Sells for Record $2.4 Million. Reuters, Updated November 24, 2021, Accessed March 30, 2022.

26   Kimber, Martin. "Barbados to Launch World's First Virtual Embassy in the Metaverse. Sky News, Updated November 17, 2021, Accessed March 30, 2022.

27   Smith, Sean Stein. "Crypto Is the Key to the Metaverse. Forbes, Updated December 10, 2021, Accessed March 30, 2022.

28   "Livepeer – Home. Livepeer.org, Accessed March 30, 2022.

29   "Community Points – Own a Piece of Your Community. reddit, Accessed March 30, 2022.

30   "NFT or Non-Fungible Token Is Collins Dictionary's Word of the Year. BBC News, Updated November 24, 2021, Accessed March 30, 2022.

31   Saro, Matthew De. "Most Expensive Virtual Plot of Land Ever Sells for $900,000

on Decentraland. Yahoo! Accessed March 30, 2022.

32 "Dappcraft Studio. DappCraft Studio, Accessed March 30, 2022.

33 "Dappcraft. DAPPCRAFT, Accessed March 30, 2022.

부록 계약 및 기록 관리를 위한 블록체인

1 Kandaswamy, Rajesh, and David Furlonger. "Pay Attention to These 4 Types of Blockchain Business Initiatives. Gartner, Accessed March 30, 2022.

2 Olenick, Doug. "Data Breaches up 400 Percent, 15 Billion Records Compromised: Report. SC Media, Updated March 8, 2019, Accessed March 30, 2022.

3 Tunggal, Abi Tyas. "What Is the Cost of a Data Breach in 2021? RSS, Updated February 23, 2022, Accessed March 30, 2022.

4 "Global Information Security Survey (GISS). EY, Accessed March 30, 2022.

5 Stewart, Luke A. "The Impact of Regulation on Innovation in the United States: A Cross-Industry Literature Review. itif, Updated November 14, 2011, Accessed March 30, 2022.

6 "DocuSign Will Add Ethereum Blockchain Integration to Verify Signatures. Yahoo!, Accessed March 30, 2022.

7 Dyer, Barrington. "Smart Contracts Explained (for Lawyers) Part- 1. Medium, Updated May 23, 2018, Accessed March 30, 2022.

크립토 시대
돈은 어떻게 진화하는가?

초판 1쇄 인쇄 2023년 10월 25일
초판 1쇄 발행 2023년 11월 3일

지은이 세실 존
옮긴이 홍석윤
펴낸이 이범상
펴낸곳 (주)비전비엔피·비전코리아

기획 편집 차재호 정락정 김승희 박성아 신은정
디자인 최원영 허정수
마케팅 이성호 이병준
전자책 김성화 김희정 안상희
관리 이다정

주소 우)04034 서울특별시 마포구 잔다리로7길 12 1F
전화 02)338-2411 | **팩스** 02)338-2413
홈페이지 www.visionbp.co.kr
이메일 visioncorea@naver.com
원고투고 editor@visionbp.co.kr
인스타그램 www.instagram.com/visionbnp
포스트 post.naver.com/visioncorea

등록번호 제 313-2005-224호

ISBN 978-89-6322-219-6 (03320)